中央大学政策文化総合研究所研究叢書　28

デジタル／コミュニケーション

岡 嶋 裕 史 編著

中央大学出版部

まえがき

　デジタル化，とよく言われます．

　巷間に膾炙して広まった言葉には宿命的についてまわる問題ですが，デジタル化にも意味の拡散が見られます．

　本来であれば，アナログ（連続）的，デジタル（離散）的のように使われる用語です．たとえば，価値判断のような意味は含まれていません．アナログ時計は連続的に秒針が進んでいくことによって，1秒と2秒の間にもぎっしりと隙間なく時間が存在していることを雄弁に物語ってくれます．いっぽうでデジタル時計は1秒毎に時を刻んでいく設定になっていれば，1秒と2秒の間の時間はまるでなかったかのようにばっさり切り捨ててしまいます．

　ではアナログ時計のほうが優れているかといえば，ぴったりの時間を知るにはデジタル時計のほうが向いているかもしれません．そこに優劣はなく，それぞれの特性と向き不向きがあるだけです．

　しかし，近年ではデジタル＝優れている／進んでいる，アナログ＝劣っている／遅れている，の用法で用いられることが増えていると思います．デジタルトランスフォーメーション（Digital transformation：DX）等の用語もコンシューマレベルにおいては，殊に日本においては，単なる「情報化」の意味で用いられている事例が多く，利用者に失望感を与えています．

　PPAP と呼ばれる，

　P　……　パスワードつき暗号化ファイルをメールで送り，

　P　……　パスワードを別のメールで続けて送るという，

　A　……　暗号化

　P　……　プロトコルや，

　PHS と称する，

P ……　プリントして,

H ……　ハンコついて,

S ……　スキャンして送る,

業務手順などは,その最たるものです.

　事の本質はそうではなくて,離散的なデータやプロセスでしか扱えない価値を生み出さなければなりません.社会のデジタル化を推進するなら,そこには必ず業務の再構築や生活様式の転換が伴うはずです.

　そこから目を背けて単に機器やシステムを導入する「情報化」を行うと,先に述べたような無意味な作法に時間と手間を投じることになります.

　PPAP はファイルを守る目的に対して無価値です.最初のメールを盗聴されるなら 2 通目のメールも盗聴されますし,そもそもメールの盗聴はアカウントの乗っ取りに起因するものが多いので,両方のメールが攻撃者の手に落ちるのは既定事項と言えます.

　そればかりか,「自分たちは対策している」という慢心からくる油断や,暗号化することによって途中経路のサーバが脅威のチェックを行えなくなるなど,悪影響すらあります.無駄なメールの解凍に費やす利用者の時間を思えば,愚策であると断定して構いません.

　PHS も同様です.押印の機能は本人による認証の可視化ですが,三文判に本人確認性が薄いことは誰もが承知しています.せっかく電子文書にはデジタル署名があるのに,わざわざ印刷してペーパレスの努力や業務のシームレス化を台無しにし,かつ証憑性の薄い捺印によって認証の意思を表すこともまた,愚策と言えます.

　これらの施策は多分にアリバイ工作的であり,「仕事をしている気分に浸りつつ」,「旧来の手順を変えないことで学習コストをゼロにする」ことが目的になっています.それができるなら,効率化も価値創造もしなくていいという態度です.これが罷り通っているうちは,日本の国際競争力は下がり続けるでしょう.

本書はこうした危機感を背景に執筆されました.

　中国メディアの現状,意見分布の推測,リモートコミュニケーション,シニア起業,クラウドファンディング,越境EC,キャラクタービジネス,協働学習効果測定,IoT と極めて多面的な視点から,あるべきデジタル化とその根幹要素たるコミュニケーションについて論じていきます.第一線の研究者たちとともに,考察を深めていただければ幸いです.

岡　嶋　裕　史

目　　次

第 1 章

中国デジタルメディアの言論空間
——その可能性と限界——

松 野 良 一

は じ め に

　中国の代表的なメディアといえば，新聞は「人民日報」，通信社は「新華社」，そして放送局は「中国中央電視台（CCTV）」などだ．しかし，こうした伝統メディアは，どれも中国政府がコントロールしていて，「政府のプロパガンダ」メディアともいわれてきた．1978 年の改革開放政策の導入まで，中国の伝統メディアは，共産党の「喉と舌」といわれるように，党の機関紙としての役割が主であった．

　ところが，鄧小平による 1978 年の改革開放政策，1992 年の「南巡講話」によって，一気に市場経済へ移行した．その後，中国各地で地方紙「都市報」が続々と発行され，これまでの政府系メディアだけでなく，広告を主たる収入源とする市場系メディアが登場したのだ．

　また，1990 年代中ごろからインターネットの普及が始まり，中国インターネット情報センター（CNNIC）のデータによれば，2020 年 6 月には，インターネット利用者数は約 9.4 億人に達している．しかし，インターネットの時代になっても，政府の統制は厳しい．「金盾（グレイトファイアーウォール）」

と呼ばれる検閲システムによって，中国国内のネット上の言論は規制を受けており，「天安門事件」などの単語が見つかれば，即座に削除される．また，世界中で利用されている Facebook，Twitter などの SNS にも，中国国内からはアクセスできない．

　一方で，中国国内には，閉じられた独自の空間で発展してきたデジタルメディアが存在する．中国版 Twitter の「微博」，中国版 LINE の「微信」，中国版 Facebook の「人人網」，中国版 Google の「百度」，中国版 YouTube の「优酷」，中国版 Amazon の「阿里巴巴」などである．

　これらの中国版デジタルメディアは，当然の如く，政府から統制されているのだが，それでも，これまでの「政府→マスメディア→市民」という一方向的コミュニケーションが，少しずつ変容している．例えば，「微博」（ウェイボー，140 字のマイクロブログ，Twitter と Facebook の要素を併せ持つ）と呼ばれるソーシャルメディアが登場して以来，市民側からの発信が急増している[1]．同時に，社会への影響力も増加している．

　市民による発信が，事件事故や災害情報の提供，地方政府の腐敗の摘発，メディアの誤報に対する指摘など，大きな効果をもたらすようになった．そういう意味で，中国にもネット・ジャーナリズムが到来したという指摘がなされることがある．

　2013 年に習近平政権が誕生して以来，今度は規制の強化が始まった．もともと中国では，1998 年から，「金盾」と呼ばれる検閲体制が実施されていたが，ネットユーザーによる発信が急増し，検閲が追いつかなかったという事情もあった．習政権はネット世論の高まりについて極度に警戒し，「ネットの安全がなければ，国家の安全はない」として，検閲によるユーザーアカウントの閉鎖や海外への抜け道となっていた仮想私設網（VPN）の個人向けアプリの販売禁止など，様々な取り締まりを強化している．

　本稿では，中国の伝統メディアとデジタルメディアの状況を踏まえた上で，SNS が作り出している言論空間において，どのような市民ジャーナリズムが発生し，どのような誤報や偽情報が生み出されているのか，さらに

は，そうした仮想の言論空間の可能性と限界はいかなるものかについて検討を加えることが目的である．

1.　ハルピン市における「禁狗令事件」

1-1.「禁狗令」とは何か

最初に，「微博」の影響力のマイルストーンとなった「ハルピン市禁狗令事件」を分析し，中国におけるコミュニケーションがどのように変容しているのかを紹介する．

2012年4月，「微博」上で一連の犬に関するツイートが多数リツイートされ，その内容と画像があまりにも衝撃的すぎるため，一気に注目されるようになった（写真1参照）．犬を抱いているその女性の背中に書かれた「殺狗先

写真1　自分の背中に「殺狗先殺我」と書いたユーザー
出所：http://weibo.com/1875096933/yfhvwcDMD

殺我」とは，「犬を殺したいなら，まず私を殺しなさい」という意味である．

　この事件は，「ハルピン市禁狗令事件」と呼ばれる．事件のきっかけは「ハルピン市養犬管理条例」．2011 年 11 月に，その内容が発表された．飼うことができる犬は各世帯 1 匹までとし，大型犬や獰猛な犬は飼育禁止．また，オープンテラスでの飼育も禁止，公共の場での犬小屋設置禁止，定期的に毛の手入れをして入浴をさせる義務などが定められた．盲導犬や介助犬などの大型犬が必要な場合は，申請が必要．飼われる犬の「戸籍」が整備され，飼い主も固定的な住宅を持っていることが義務付けられ，犬が人を襲うなどの事故が発生した場合，責任もあわせて問われることになった．

　2011 年 11 月に政策を実施すると発表した時には，人々はそれにあまり関心を持っていなかった．しかし，規制される犬種リストが明らかになると大騒動になった．肩高 50 センチ以上，体長 70 センチ以上の犬は飼育禁止．リストの中には，まったく危険ではない犬種（ラブラドール，チャウチャウなど）もあった．条例が施行されるまでに，飼い主自身で飼い犬について解決すること，締め切りを過ぎてもまだ解決していない場合には，政府側によって回収・処置される予定であった．

　リストの発表とほぼ当時に，「微博」上では様々なツイートが飛び交った．

　　「ハルピン市政府は，既に飼育禁止の犬を回収し始めた」
　　「警察風の人が極めて乱暴に犬を扱い回収し，捕獲された犬はケージの
　　中に閉じ込められている」
　　「捕獲された大型犬は，順番に殺処分されている」

　飼い主が悲しそうに犬を見ている写真がついているツイートは，まもなく数万人にリツイートされた．これらのリツイートによって，ハルピン市だけではなく，中国全土に拡散することになった．このため，ハルピン市政府の強引で理不尽なやり方に対し，全国から批判の声が上がった．

1-2.　市政府の緊急記者会見

一方で，その騒ぎに対して，ハルピン市政府も記者会見を開いて対応せざるを得なくなった．記者と市政府側とのやり取りの一部が，「微博」上で公開された．

　　記者：「ネットに流れている各種のうわさについて，政府側から正式なコメントをお願いします.」
　　ハルピン市政府：「今までのところ，まだ回収作業を始めていません．うわさになっている『乱暴な扱い』『犬の殺処分』などはいっさいありません．うわさをどうか信じないでほしい．市民の信頼を裏切る行為は，我々は絶対に致しません」

「微博」上で大量に展開されたツイート，中国全土の愛犬家からのツイートに対して，無視できなくなった市政府側は，異例とも思えるスピードで記者会見を開いた．しかしながら，市政府側のコメントは，「微博」ユーザーをうまく説得できなかった．市政府が開いた記者会見に関するリツイートの

写真 2　緊急の記者会見を開いたハルピン市政府

数は，元々の「うわさ」のツイートよりはるかに少ない．

　元来，警察が犬を虐待に近い形で取り扱っている様子を見たことがあったり，警察は市民に親切ではないことを人々は日ごろから知っていたためだという．市民の情報ではなく，政府の見解だから信用できないと思っている人も多くて，騒ぎはさらに拡大し，「警察が犬を強制的に回収」「順番に殺処分」などの未確認情報ツイートの拡散が進んだ．

1-3. 市民の情報で騒動は沈静化

　そんな状況の中にあって，ハルピン市の市民たちが「微博」上で，ハルピン市政府の大型犬飼育禁止という措置には不満だが，うわさのような「乱暴な扱い」「犬の殺処分」は行われていないという状況をツイートした．

> 「周囲にいる大きな犬を飼っている友達はいつもと同じです．散歩に行かせてますが，禁狗令なんて聞いてません」
> 「いまハルピン市に住んでいる者です．犬があっちこっちで捕まったりしていることはありません．しかし，団地には，大型犬はもういなくなりました．ラブラドールみたいなおとなしい犬もね．」

　一般市民のツイートにより，市政府が乱暴な犬の捕獲を行っているといううわさは虚偽だとわかり，騒ぎは一時的に収まった．市民の中には，大型犬を飼えないことに不満を募らせながらも，その後，このハルピン市養犬管理条例は次第に受容されていった．

　この一種，強引ともいえる市政府のやり方だが，条例制定の背景には，飼い主たちのひどい動物管理と，13年ぶりに狂犬病が発生した事実があるとされている．生活苦などで飼えなくなると捨てたり，ストレス発散の目的で野良猫を虐待する事件が多数発生．捨てられた犬は野犬化し，通行人が噛まれるなど，事件事故が多発していた．

　飼い犬が人を襲う事故を起こしたものの，飼い主は逃亡する．そして，

ペット自身が捕獲され殺処分される．縄を付けずに犬を散歩に行かせたり，わざと犬が苦手な人を驚かせたりする嫌がらせなども横行していたという．

　一部の無責任な飼い主のため，善良な飼い主を制限する政策は万全ではないが，結果的に，この条例は多数の市民からの理解を得たとされている．

1-4.「微博」の登場は何を変えようとしているのか

　「微博」がまだ登場していなかった時代には，政府はマスメディアを使って政策を発表し，市民に従わせるという一方向的コミュニケーションのみが存在していたといわれる．市民は政策に疑問や不満を感じても，政府に対して自分自身の意見を主張できる方法はわずかだった．しかし，「微博」が登場してから，市民側から政府に主張できる方法，回路が1つ増えたことになる．

　今回のハルピン市のケースでは，結果的には，「微博」上の言論はハルピン市政府の政策（条例）を変えることはできなかった．しかしながら，「微博」の登場前よりも，政府と市民間のコミュニケーションは前進していることがうかがえる．

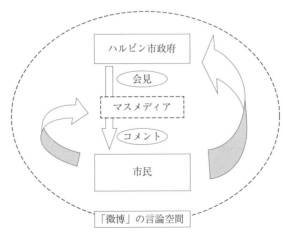

図1　「ハルピン市禁狗令事件」における「微博」の言論空間と影響関係図
出所：筆者作成

　市政府は，ツイートされた内容の真偽について，また条例制定の根拠などについて，急いで記者会見を開いて説明する必要に迫られることになった．政策に対する市民の不満や不安は，いつもくすぶっており，「微博」がその可視化を促進したといえる．

　この「ハルピン市禁狗令事件」は，ハルピン市内だけでなく，中国全土で話題になった．中国国内の各地方政府はこの事件以降，「微博」上の言論を無視できなくなったといわれている．完全ではないが，「微博」などのデジタルメディアの登場によって，市民と政府の関係は，一方的から双方向的に影響しあう関係に変わりつつあると考えられる．

2.「犬肉祭中止事件」とは

2-1. 掲示板での告発

　2011年9月8日，中国の掲示板サイト「天涯社区」に，『触目惊心，浙江金华湖边的狗肉节』（耐えられない！　浙江省金華市の犬肉祭）と題された投稿がなされた．大量の犬が路上で殺され，調理され，それを人々が食べるとい

写真3　掲示板サイト「鉄血社区」に投稿された写真「犬肉祭に運ばれる犬たち」

うお祭り「金華市犬肉祭」の様子が，生々しい写真とともに紹介された．

　この「天涯社区」の投稿記事を見たユーザーは，他の掲示板サイト「鉄血社区」や「微博」などの SNS に情報を流し，ツイートし，リンクを張った．「残酷すぎる」「犬がかわいそう」などのコメントが掲載され，様々なサイトで議論が巻き起こった．特に「微博」での反響は大きく，1 日で 4 桁以上の人が，「金華市犬肉祭」に関する情報をリツイートしたとされる．

　そもそも「犬肉祭」とは何か．金華市政府によれば，明朝皇帝朱元璋が発案者で，最初は犬肉を食べながら戦いの勝利を祝う行事だった．しかし，現代になっても，犬肉を食べる習慣だけが残っていたという．

　金華市政府は，「微博」上で問題になっている事実を動物保護協会から指摘されたために，9 月 19 日に記者会見を開いた．「10 月 18 日〜 20 日に開催予定の金華市犬肉祭を中止し，これからも再開の見込みはない」と発表した．この歴史的行事は，600 年の歴史を持っていたにもかかわらず，SNS での大規模な犬肉祭への反発と議論の盛り上がりによって，中止に追い込まれることになった．

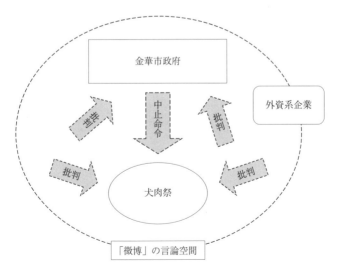

図 2　「犬肉祭」事件における「微博」の言論空間と影響関係図
出所：筆者作成

金華市の責任者は中止したことについて, 2つの理由をあげた.

1つ目は,「犬肉祭」のツイートで大幅に悪化した国内外における市のイメージを改善するため.

「微博」上で展開された議論, 意見, 苦情は, 金華市のイメージを「野蛮」「残酷」とするものが多かった. このため, 同市は, 犬肉祭を一刻も早く中止すべきだと判断した. そして,「元々, 犬肉を食べるのは, 豚肉, 牛肉を買えなかった時代の選択で, 現在は, わざわざ犬肉を食べる必要はない」とした.

2つ目は, 推進している外資系の企業の誘致に影響が出ないようにするため.

外資系の企業は,「微博」上で公式アカウントを開設しビジネスに生かしている. 金華市は, 大規模な企業団地を整備して外資系企業を誘致する計画を進めている最中であった. このために, 犬肉祭をすぐに中止することで外国人の市に対するイメージを改善し, 投資に相応しいハードとソフト両面の環境が整えられていることをアピールしようと市政府は考えたという.

2-2.「微博」の言論空間と「犬肉祭」の中止

事件の発端はコミュニティサイトであったが, 犬肉祭を最終的に中止に追い込んだのは, 利用者の多い「微博」の力が大きかったとされる. ユーザーが, 元の記事を,「微博」などのSNSに転載し, 犬肉祭の残酷さと時代遅れについて指摘した. 生々しい写真は,「微博」上で, 一気に拡散した.

「犬肉祭」には歴史的な背景があり, 犬を殺し食べることは伝統的食文化とされていた. 金華市においては, 市政府にも市民の間でも, 暗黙の了解があったとされている. しかし, SNSの登場は, その問題を, 金華市という限られた地域だけでなく, 中国全土に広げてしまったのである. それも, 一瞬にしてである.

狭いケージで輸送されるというひどい環境, 路上で殺されるという残酷さ, 露天で皮をはがれ, 肉がさばかれ, 食卓に並ぶという異様な風景が, 中

国全土にさらされることになった．アナログ時代には，単なるローカルな行事だったものが，「微博」空間で話題になった瞬間に，それはローカルな話題ではなくなった．一気に全中国における話題へと発展し，マスメディアおよび北京の中央政府関係者の知るところとなった．

その後のマスメディア報道だけでなくブログや Facebook などのメディアへの転載などによって，海外からも注目されることになった．金華市政府は，国内だけでなく国外からも大きな圧力を受けることとなり，現代において犬肉祭が必要なものかどうか，再検討を迫られることになった．

犬肉祭が中止に追い込まれた背景には，もう1つの理由がある．それは，外資系企業の多くが「微博」に公式アカウントを持ち PR に使っているということである．「微博」上で大量にリツイートされる犬肉祭を巡る残酷な写真が，外資系企業公式サイトと近接して表示される状況が発生した．つまり，デジタル時代には IP 網の上に，企業の PR サイトと犬肉祭の残酷な写真が，同時並列で表示されてしまう環境がある．特に，検索エンジンに「金華市」と入力した場合，結果として，企業と犬肉祭のむごたらしい写真が同時に表示される可能性がある．このため，外資系企業の誘致を進める金華市は，否応なしに「微博」の影響力の大きさを考慮して，中止せざるを得なかったとされている．

3.　劉翔棄権事件

3-1.　劉翔とは

劉翔とは，1983 年生まれの上海出身の陸上競技選手である．2004 年のアテネオリンピック男子 110m ハードルで金メダルを獲得．アジア人で初めて，オリンピック陸上短距離種目における金メダリストとなった．さらに，世界選手権優勝，世界記録樹立（当時）という輝かしい成績を残した．中国では「アジアの昇り龍」，「黄金の昇り龍」，「13 億人の象徴」と称えられた．

2008 年には，地元開催の北京オリンピックに出場．連覇が期待されたが，右足のアキレス腱にけがをしたため，一次予選で棄権した．

2012 年には，ロンドンオリンピックに出場．多くの中国人は劉翔の復活とリベンジに期待した．しかし，1 台目のハードルに足をぶつけて転倒し右足アキレス腱断裂で，ゴールまで走ることができないまま途中棄権した．北京オリンピックの雪辱を果たすことは出来なかった．

2012 年ロンドン大会における彼の結果について，「微博」上で過大に議論された．アテネ大会の金メダリストでもあり，北京大会，ロンドン大会では結果は良くなかったものの，けがが原因であるため，激しく責められるほどではないと思われた．しかし，「微博」上では，「中国 13 億人の恥」「落ちぶれ劉」などと，批判する声が非常に強かった．なぜなのか．「微博」上の書き込みを分析，考察すると，いくつかの問題が浮き上がってきた．

3-2. 選手への不信感

中国のスポーツ選手育成システムは欧米諸国と違う．一旦，地方・国家の代表に選ばれると，トレーニング，移動，大会参加など費用は全て政府が負担する．すなわち，選手たちは税金で育てられ，税金で大会に参加しているとされる．

劉翔の件では，多くの人が，「自分の税金がメダルを取れない人に使われた」「結局無駄遣いになった」と不満をツイートした．

アテネ大会で金メダルを獲得して以来，劉翔は，多数の広告，CF にも登場するようになった．米経済誌「フォーブス」中国版の推計では，2008 年の収入は 1 億 6,300 万元（約 24 億 4,500 万円，当時）．北京大会で途中棄権しても，劉翔のスポンサーの企業は「今回失敗しましたが，劉翔を応援し続けます．彼は相変わらず我が中国のヒーローです」とコメントした．

「劉翔が失敗した原因はけがではなく，商業活動に参加し過ぎて普段の訓練を怠けたことで，それがバレないように，試合ではわざとらしいパフォーマンスをしていた」「商業活動のし過ぎで勝てないことがわかっていたので，

棄権という形で逃げた」「逃げ劉」などという投稿も，たくさんの人にリツイートされた．「逃げ劉」とは，四川大地震で生徒を置いて自分だけ逃げた教師を批判する言葉だった．

3-3.「上海」への反感

そして，もう1つ水面下の問題が，「微博」によって浮き上がってきた．それは地方の人が，劉翔の出身地である「上海」に対して抱いている感情が，劉翔の失敗をきっかけに「微博」上で一気に噴出したことである．劉翔が予選落ちした後に，なぜか「上海人の失態！」などという，「上海」をターゲットにした反感ツイートが急増した．

上海，北京などの大都市は経済，文化，施設などが，地方よりも恵まれている．また同じ大学教育を受けるなら，地方よりも，上海，北京などの大都市の大学の方が，レベル的に良い．卒業後の就職においても，地方より上海，北京の方が有利である．

また大学入学試験は，地方の高校生が大都市の大学を受験する場合は，合格ラインが高く設定されている．このため，かなり優秀な成績でないと，地方から大都市の大学へ進学できない．一方で，上海，北京に在住している高校生の合格ラインはそれほど厳しくない（ゆるくもない）．合格ラインの設定が違う点について，不公平だと思う人は結構存在している．

「微博」上でも日常的に，「なぜ全国統一試験をやらないのか」「上海や北京にいる学生は，自信がなく政策に守られないと大学へ行けないのか」などと反発する声も多くツイートされている．

また，「上海の人は冷淡で，地方から来た人に親切でなく，差別している」という上海人に対するステレオタイプ的な説も，多く投稿されている．「微博」のツイートを分析すると，大都市に対する苦情，反感，恨み，根拠の無い不満などが，水面下でくすぶり続けていることがわかる．図3のように，それが，「微博」登場後は，何かの事件があると，事件に関する不満だけでなく，意識下にあった不満などが一気に噴出してくるようになった．それ

14

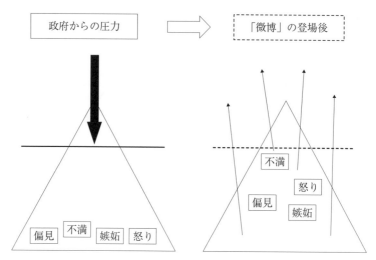

図3 水面下にたまっている不満が「微博」登場後は一気に噴出しやすくなった
出所：筆者作成

が，「微博」における，「劉翔の棄権」＝「上海人の失態」という大量ツイートにつながった可能性があると見られている．

4. 中国のフェイクニュース研究

4-1. ネット情報利用の危険性

2017年9月8日，日本の BPO（放送倫理・番組向上機構）放送倫理検証委員会の川端和治委員長から，「インターネット上の情報にたよった番組制作について」と題する談話が発表された．

これは，フジテレビが制作した2番組について，「インターネット上の情報・画像に依拠して番組を制作した結果，事実ではない発言を事実として辛口のコメントを加えたり，実在しない商品を紹介するという事案が発生した」と指摘．さらに，「番組制作にあたり，まずインターネット上の情報を利用することが広く行われている現状で，十分な裏付け取材なしにそれを利

用することがあれば，同じ問題が他の局でも発生する可能性がある」と，テレビ業界全体に警鐘を鳴らした[2]．

　また，2017 年 12 月 14 日に出された放送倫理検証委員会決定「東京メトロポリタンテレビジョン『ニュース女子』沖縄基地問題の特集に関する意見」においても，インターネットの情報を確認作業に使用していた事実，さらにそれらの情報を十分に確認せずに信じてしまったことなどが指摘された[3]．

　報道番組，情報番組だけでなく，現代ではまずはインターネットで情報を収集することが普通になっている．さらには，番組内容，記事内容を確認する作業も，インターネットを利用することが多い．

　しかし，この BPO 放送倫理検証委員会が出した委員長談話と決定は，デジタル時代に生きる放送業界人のみならず，メディア関係者および一般市民に対しても，リテラシー向上を強く求めているものだと読むことができる．

　フェイクニュースは，何者かが意図的に事実と違う情報を作り出したもので，デジタル空間に多数浮遊している．

　マスメディアは各社が倫理綱領や規定をもち，考査もしっかり行っている．とはいえ，スタッフがインターネットを利用している以上，マスメディアもフェイクニュースに巻き込まれ，拡散する側になってしまう危険性も十分ある．それ故，これまで以上に，コンプライアンス意識，危機管理意識が強く求められている．

4-2. 中国の事例が示唆するもの

　中国においても，ネット上に浮遊する不正確な情報やフェイクニュースをマスメディアが取り上げたことにより，社会問題に発展した事例が増加してきている．

　李瑞鵬（2017）の修士論文「インターネット時代におけるフェイクニュースの研究─中国の新聞・雑誌メディアが関係した事例を中心に─」（未公刊）を参考に，いくつか事例を紹介する．

　李は，中国のメディア専門誌『新聞記者』（新聞はニュースの意味）が，毎年まとめている「マスメディアが報道した偽情報トップ10」について，2012年から2016年の計5年間の計50事例について分析した．

　その結果，①中国のマスメディアはサイトのアクセス数を稼ぐために，同業他社間でリツートを平気で行うため，一旦偽情報が転載されると拡散の規模と速度がアップすること，②ある報道機関が発表したニュースが，他の報道機関によって追加取材・検証され，結果的に間違いであることが判明する現象「反転」が増加していること，③フリーや外部からの持込みが実は偽情報であった事例が出てきていること，④速報性，リアルタイム性を重視する余り管理者のチェック体制が甘くなっていること，⑤結果的に「誤報」となった記事の元々の情報源がネットである割合が増加していること，⑥結果的に行政側の介入を招く事例が増加していること，などが明らかになった．

写真4　分析対象としたメディア専門誌『新聞記者』
出所：http://journalist.news365.com.cn/xwjz/html/2017-11/index.html

この結果は，日本のマスメディア業界においても，重要な示唆を含んでいると思われる．

4-3.「『タイタニック』のヌードシーンカット」と「深圳で最も綺麗な女の子」

ここで，ネットを情報源とする誤報について，代表的な事例を紹介しておきたい．

2012 年 4 月 9 日に，鳳凰網などのメディアが，「中国政府の指示により，映画『タイタニック』3D 版のヌードシーンはカットされる」と報じた．理由は，3D は立体感があるため，男性視聴者が触ろうとして手を伸ばし，前の席の人に迷惑をかけるからだというものであった．

実はこれは，前日の 4 月 8 日に，あるネットユーザーが SNS に掲載したフェイクニュース．ジョークであることがわかるように，文末にわざわざ「冗談」というタグを付けていた．しかし，他のユーザーにリツイートされている途中に，この「冗談」というタグが消えてしまっていた．鳳凰網以外にも多数のメディアが転載した．

2013 年 3 月 25 日，中国新聞網などのメディアが，「深圳で最も綺麗な女の子」という説明を付けた写真と記事を掲載した（写真 5）．「深圳の路上で，20 代の女性が，ホームレスの口にご飯を持っていって食べさせた．道行く人はみな感動した．この女性は湖南出身の 1991 年生まれで，深圳に働きにきている」という内容であった．

この写真は，インターネットで大量にリツイートされて，人々はその女性を賞賛した．他のメディアも，この美談を転載報道した[4)]．

「彼女は，通りかかったときに，老人が自分の亡くなった祖父に面影が似ていることに気付き，ランチボックスを買い，彼に食べさせた」「老人から連絡先の電話番号を聞き，連絡したがつながらなかった」などと記事に書かれた．

しかしながら，間もなくネットユーザーから，これはフェイクニュースではないかと指摘され始めた．撮影場所付近のキオスクのスタッフは，女性と

写真5　「深圳で最も綺麗な女の子」と説明が付いた写真
出所：http://journalist.news365.com.cn/xwjz/html/2017-11/index.html

男性が現れて，女性が適当にホームレスにご飯を食べさせているところを，男性が何枚か写真を撮り，さっさと立ち去っていったと証言した．他社の記者たちが取材したところ，その女性は，老人へのボランティア行為ではなく，男性の指示を受けて，写真を撮るために演技したと証言した．さらに，男性は，フェイクニュースを企画し，そのための撮影であったことを認めて，ネットで謝罪した．この男性には，以前にもフェイクニュースを作るという前科があった，とされている．

4-4.「当たり屋事件」からの反転

2013年12月3日午前5時ごろ，中国国際広播ラジオが自社サイト「国際在線」に，「バイクを運転していた外国人が，倒れた女性（おばさん）を支えようとした時に，お金をゆすられた」という記事を掲載した．中国では「当

写真 6　女性による「当たり屋事件」と報道された写真

たり屋事件」が多いことから，多くのネットユーザーが何の疑問も抱かずに読んだという．

　報道は，「中国東北地区のなまりがある女性が，バイクを運転していた外国人のそばを通る時に突然倒れて，起きられなかった．外国人がすぐに，その女性を支えて助けようとしたが，女性は外国人にぶつけられたと主張した．結局，外国人が医療費を支払ってしまった」という内容だった．

　同日午前 7 時 48 分に，人民日報の「微博」の公式アカウントがリツイートし転載した．このため，このニュースは瞬く間に，中国国内だけでなく世界の中国語圏に拡散した．

　ところが，同日午前 12 時 35 分には早くも，いわゆる「反転」が生じた．

　京報網が「目撃者の話によれば，外国人が女性にゆすられたということは事実と違う」と報道した．記者が複数の目撃者にインタビューした結果，女性は当たり屋ではなかったことが判明．ある目撃者は，事故当時のビデオを提供した．そのビデオを分析したところ，外国人が流暢な中国語で，女性に対し下品な言葉で罵っていた．警察の調べでは，外国人が無免許運転をしていて女性に衝突しており，結果的に外国人は処分されたことがわかった．

　最初に報道した「国際在線」も，これらの事実関係を認めて，自社サイトに経緯を掲載した[5)]．

4-5. 女性従業員が毎日ボスにキス

2016年10月5日,「女性従業員が毎日並んでボスにキスする」という情報が, 中国の掲示板サイト「鉄血社区」に投稿された[6]. 内容は,「北京のあるビールを醸造する機械を販売する会社は, 従業員の過半数が女性である. 特長ある組織文化を創るため, 朝9時から9時半まで, 女性従業員が並んでボスにキスする. ボスは海外出張が多く, 従業員とのコミュニケーションを図るのが目的だ」というものであった. これが,「微博」で紹介されると, 一気に拡散し, アクセスランキングの上位になった. このため, さらに拡散が加速した.

10月6日には, 東方頭条, 光明網, 央広網, 鳳凰網などメディアが次々と転載した.

10月8日になると「反転」が生じる. 捜狐新聞が,「女性従業員は毎日並んでボスにキスするのか? ゲームをやっているのか?」の見出しを付けて, 疑問を呈する記事を発表した.「動画を見ると, 会社員が口で何かを渡している. 途中, その何かが落ちた. それは, 口でボトルの蓋を渡すゲームをして遊んでいる」とした. さらに, ユーザーが, 記事のコメント欄に, こ

写真7 「女性従業員が毎日並んでボスにキスする」と題された写真
出所：http://news.sohu.com/20161008/n469712397.shtml

う書き込んだ. 「これは蘇州のある不動産会社で, キスをしているのではない. 男性はボスではなくて普通の会社員だ. 女性たちも, 世論の反発が強くて辞職した」「大学生がパーティでやるクリップを口で渡していくゲームのようなものだ」.

捜狐新聞によると, そもそもの動画は, 8月ぐらいから出回っていた. しかし, 「会社が北京のビール醸造機器販売会社」「女性が毎日並んでキスしている」などという説明はなかった. それが, 10月5日に解説が付く形で「鉄血社区」に投稿された瞬間に, 一気に拡散したという. 解説が付くことで具体化し, 動画の行為について, 現実性, リアル性, 真実味が一気に向上したと思われる. それが, ユーザー間の拡散に火を点け, 「微博」のランキングで上位になり, マスメディアも転載するという状況につながっていったと思われる.

4-6. 「元々の情報源＝ネット」が増加

李は, 専門誌「新聞記者」が取り上げた「マスメディアが報道した偽情報トップ10」の計50事例について, 元々の情報源が何であったかについても調べている. その結果, ネット（SNS含む）が情報源であった件数は, 2012年1件, 13年3件, 14年8件, 15年6件, 16年9件, と増加傾向にあり, もはや大半がネット由来であることが判明した.

インターネットは, 情報収集と検証作業をする際には, 実に便利なツールである. しかし, 十分に検証して使用しなければ, 大きな社会問題になる危険性をはらんでいる. それは, 日本でも中国でも, どの国でも同じことだ.

5. 中国メディア環境の変化

5-1. 現　　状

中国のメディアは全て共産党の管理下にあって, 報道の自由も言論の自由

もない，と思っている人は多いだろう．しかし，インターネット時代に入って，市民の声がBBSやSNSで発信されることで，メディア環境に大きな変化が生じていることも事実だ．

1978年の改革開放政策まで，中国のマスメディアは，共産党の「喉と舌」といわれるように，党の機関紙としての役割が主であった．ところが，1978年の改革開放政策，1992年の鄧小平による「南巡講話」によって，一気に市場経済へ移行した．高度経済発展に伴い，1995年に四川日報社が「華西都市報」を創刊したのを皮切りに，中国各地で地方紙「都市報」が続々と発行され始めた．

一方で，1990年代中ごろからインターネットの普及が始まり，2000年代に入って掲示板サイト（BBS），さらに2010年代にはSNSをスマートフォンで利用する人が増加した．中国インターネット情報センター（CNNIC）のデータによれば，インターネット利用者数は約9.4億人に達している[7]．伝統的なメディアは，紙や放送という媒体だけではなく，インターネットやSNS媒体を使って配信を開始した．このため，媒体が相互に引用しあうというような状況も出現してきた．

2013年に日本記者クラブで開催された記者ゼミ「中国メディアの最新事情」で，北京日報東京支社長の李玉川が，マスメディアとネットの現状について，いくつかの重要な指摘を行っている[8]．

それによると，市場経済の発展により，地方紙である「都市報」が多数創刊され，新聞メディアというものが，政府の政策を宣伝する政府系メディアと，市民が自費で購読する市場系メディアの2つに分類されるようになった．市場系メディアは収益を上げるために，市民のニーズに合ったニュースを探し報道する．このため，読者は政府系メディアを離れて市場系メディアに移行するようになった．その影響を受けて，政府系メディアも，市民の声を無視できなくなり，報道の様式が変化してきたというのだ．

5-2.「メディア循環」と「異地監督」

さらに，重要な指摘は，「メディア循環」である．李玉川は，2011年に浙江省温州市で起きた高速鉄道事故[9] などを例にあげながら，「メディア循環」について，こう説明する．

一般市民は，何か不満や意見があれば，ネット上のBBS，ブログ，SNSなどに暴露投稿する．マスメディアの記者は，暴露投稿を見つけ，それを取材して伝統メディア（ラジオ，テレビ，新聞，雑誌のマス4媒体）で報道する．伝統メディアが報道すると，ポータルサイトやSNSで転載される．それを見た他の伝統メディアが後追い取材・報道する．あるいは自社サイトで転載する．こうした「メディア循環」が次第に大きな世論を作り出し，結果的に政府も無視できなくなって動き出す，というメカニズムが生じているというのだ．

また，興味深いのは，「異地監督」という方法である．政府の失政，地方幹部の腐敗などは，当該の「都市報」ではなく，異地の新聞が報じるという方法だ．そして，それが結果的にネットメディアに転載されることで，全国ニュースになってしまう．李玉川は，北京市の「新京報」が，四川省雅安市

写真8　温州市高速鉄道事故の現場
出所：百度百科「7・23甬温線特別重大鉄路交通事故」

の共産党書記の腐敗や江西省幹部の腐敗を報道した事例などを紹介しながら「異地監督」の意味と意義について，こう説明している．

　「中国のメディアは地元の宣伝部の指導を受けております．例えば地元の官僚とか政府の腐敗や事件なんかを批判すれば，地元の宣伝部が怒るでしょう．（中略）どうすればいいか．各地のメディアは，ほかの地域の官僚の腐敗とか事件を報道しましょうと．そうすると，地元の宣伝部も怒らないし，読者のニーズもある程度満足できます」

　李玉川は，中国メディアの市場化とデジタルメディアの普及によって，共産党の「喉と舌」時代からは，大きくメディア環境が変化してきていること，そして，共産党の戦略批判をしない限り，かなりの範囲で報道は可能であると総括している．

5-3. コレクティヴ・ジャーナリズムとは

　BBS，SNS の登場以降，市民による苦情，意見，現場からの写真，情報などの投稿が増加してきた．さらに，議題が設定され，それに対して，検証，議論が繰り広げられ，集団で真実を明らかにしようとする集合知的な活動が生まれてきたと指摘する論考も出てきた．

　2017 年 1 月に，『コレクティヴ・ジャーナリズム―中国に見るネットメディアの新たな可能性―』（章蓉 2017）と題した書籍が刊行された．章はこの本の中で，ジェームズ・スロウィッキーの「The Wisdom of Crows」（群衆の英知）[10] およびピエール・レヴィの「Collective Intelligence」（集団的知性）の概念を検討した上で，「コレクティヴ・ジャーナリズム」（Collective Journalism）という新しい概念を提起している．

　具体的には，中国で発生した 4 つの事件を事例として取り上げ，ネットメディア上で発揮されたコレクティヴ・ジャーナリズムについて，その特徴，基本要素，成立条件などを検討している．

　「華南虎事件」の事例を見ておきたい．2007 年 10 月 12 日に，中国陝西省林業庁が記者会見を開き，虎の写真を公開した．虎は中国特有の虎の亜種で

ある「華南虎」で，国家一級保護野生動物に指定された絶滅危惧種であり，すでに30年以上にわたって野生の状態では目撃されていなかった．林業庁は，数匹の群れがいると推測されること，および，発見地域を中心に大規模な野生動物保護区の建設と観光開発を進めたいという意向も発表した．発見した農業を営む周正龍には，2万元（約30万円）と証書が授与された．新華社や中央電視台などの伝統メディアも，このニュースを大きく取り上げた．

　しかし，発表された「華南虎」の写真を巡って，ネット上（当時はBBS）で議論が巻き起こった．違った時間に撮られた写真なのに虎の斑模様が一致している．虎の排泄物，足跡などの傍証が公表されていない．頭上の葉が大きすぎる．など，様々な疑問が出た．

　これに対して，虎は本物だと主張する意見もネット上には出た．偽物だとする人たちは「打虎派」，本物だとする人たちは「挺虎派」という名前まで付いた．

　その後，ネット上で出された疑問に対して，実際に検証する作業が始まった．その結果，撮影に使用された40枚のデジタル写真と31枚のフィルム写真を検証すると虎は動いていないこと，フラッシュを使うと動物の目は光るが光っていないこと，本物だと証言した専門家たちはレストランでワインを

写真9　陝西省林業庁が発表した周撮影の「華南虎」
出所：維基百科，自由的百科全書「华南虎照片事件」

26

飲みながら論評した程度の鑑定だったこと，虎の大きさに比べると発見された場所の植物の葉が大きすぎること，最後には，「自宅にある年賀ポスターの虎とよく似ている」という決定的な情報も寄せられた.

　2008年2月4日，ついに林業庁が「検証が不十分なまま写真を公表したのは軽率であった」とする謝罪文を公表. 6月29日に再び記者会見を開き，写真が偽物であることを正式に認めた. そして，関係者13人が処分を受けたことを発表し，警察も，周が使用したとされる写真を公開した. 周は，「詐欺罪」などで起訴され，最終的に2年6月の有罪判決（執行猶予3年）が下り，奨励金も没収された[11].

　章は，この「華南虎」など計4つの事例から，ネット時代に入って，集合知によるコレクティヴ・ジャーナリズムが機能していること，政府当局側から規制があったとしても，この機能の存在意義は高く，今後もこの機能は継続・進展していくはずだ，とまとめている.

写真10　警察当局は，周が撮影に使った写真を公開
出所：http://niaolei.org.cn/posts/8462　新華網から鳥類网が転載

おわりに——規制強化と展望

一方で，危惧する意見もある．NHK 放送文化研究所の山田賢一（2014）は，習近平政権がメディア統制を強める政策を進める可能性を指摘している．

2013 年 8 月 19 日に開催された全国宣伝思想交錯会議の席上，習は「一部の反動的な知識人がインターネットを使って，共産党の指導や社会主義制度を攻撃しており，厳しく対処すべきだ」と述べた．

8 月 19 日講話のあとに，ネットオピニオンリーダー「大 V」[12] が次々と摘発され，9 月には，最高検察院と最高人民法院が「インターネット等を利用して行われる誹謗中傷等の刑事犯罪に適用する法律に関する問題の解釈」を発表した．ネット上の誹謗中傷やデマの情報が 500 回以上転載された場合，もしくは 5000 回以上閲覧された場合，刑事犯罪を構成し，投稿者を最高で 3 年の懲役刑に処するというものである．この発表から数日後に，地元警察の発表に疑問を呈する書き込みをした甘粛省の中学生が拘留される事件が起きた．

山田は，論文の中で「今後の言論・メディア政策は当分『反自由化』の路線が続くことは間違いない」としつつも，「微博」などの SNS が普及して情報が一気に流れる時代の中で，「新政権は，メディア・言論政策の開放を求める市民の声の広がりを正面から受け止めるべき時期に来ている」と述べている．

中国は，2011 年 5 月に，国家インターネット情報弁公室サイバースペース管理局（CAC）を設置，2017 年に入って，急激に規制を強化した．1 月に，仮想私設網（VPN）を使って，当局の許可なく Facebook や YouTube などにアクセスすることを全面禁止．6 月には，「インターネット安全法」を施行し検閲を強化．7 月には，Apple が「iPhone」などの端末用アプリのダウンロードサイト「App Store」から，VPN アプリを販売することを禁止．8 月には，浙江省のネット規制当局が，同省に本拠地を置く中国ネット通販最大

手，アリババの通販サイト「淘宝網（タオバオ）」の責任者を呼び出して指導し，タオバオから VPN アプリが消えた．

　さらに，9 月には，北京市と広東省のインターネット情報弁公室が，新浪（微博），百度，テンセント（微信）について，コンテンツ管理がずさんだとして，罰金などの行政処分を科した．

　2018 年 3 月には，「ミニブログ情報サービス管理規定」を施行．SNS の投稿は実名とし，投稿内容を 6 カ月保存し，身分証番号，携帯電話番号の確認も求めるという厳しい内容となっている．

　このように，中国でインターネットの規制が強まっている．米人権団体フリーダムハウスの 2019 年末の調査では，中国は 4 年連続でネットの「自由度」が世界最低だった．同団体はネット規制状況などをもとに 65 カ国（北朝鮮など含まず）を評価しているが，中国では「ネット上の検閲や監視が 2019 年はこれまでになく強まった」という．

　中国においては米国や日本の検索サイトや SNS の多くが利用できず，外資系企業の駐在員の中には「仕事にならない」との声が多い．新型コロナウイルスの問題が長引くなか，中国の SNS 上では当局を批判する投稿が次々と削除されており，規制が緩む気配はない．

　中国政府は 2020 年 3 月 1 日，さらに「ネット情報コンテンツ環境管理規定」を施行した．これは，デマのほか，経済や社会の秩序を乱す情報を流すことを禁じる内容となっており，さらに規制を強化している．「ネットコンテンツの制作者は国益を損なってはならない」「献身的な仕事で『英雄』と称される党員らの功績を否定してはならない」「宗教政策を批判してはならない」「自然災害や重大な事故に際し，『不当』な評論をしてはいけない」など具体的に制限をかけている．

　これらの規制強化策によって，中国に芽生えたネット世論形成システムや市民によるネット・ジャーナリズムの可能性が完全に死滅してしまうのか，それとも，「危険ライン」を越えなければ継続していくのか，まだ未知数である．

1) 「微博」とは，一般的なサービス（ミニブログ）の名称であるが，中国内に
   おいては，圧倒的なシェアをもつ「新浪微博」を意味する．世界で約 6 億人の
   ユーザーをもつといわれる．

2) https://www.bpo.gr.jp/?p=9216&meta_key=2017

3) https://www.bpo.gr.jp/?p=9335&meta_key=2017

4) http://news.sohu.com/20130325/n370294950.shtml

5) http://gb.cri.cn/42071/2013/12/03/3245s4342888.htm

6) http://bbs.tiexue.net/post_12181211_1.html

7) http://www.cac.gov.cn/2020-09/29/c_1602939918747816.htm

8) 公益社団法人日本記者クラブ「中国メディアの最新事情」，記者ゼミ第 10 回
   アジア・中国編⑩，2013 年 12 月 9 日

9) 2011 年 7 月 23 日に浙江省温州市で起きた衝突脱線事故．死者 40 人，負傷者
   約 200 人．事故後に車両が地中に埋められたが，ネットメディア上で批判が相
   次ぎ，再度掘り起こされた．温家宝首相が現場を視察し記者会見を開くまでに
   発展した．事故現場から SNS に直接投稿された写真やメッセージがマスメディ
   アの取材にも大きな影響を与えたとされる．

10) これは，翻訳本が刊行されている．『「みんなの意見」は案外正しい』（小高尚
    子訳），角川書店，2009 年

11) http://news.163.com/08/1117/22/4R02KA330001124J.html

12) 多くのフォロワーを抱える，公式に認証されたアカウントをもつ人．ニッ
    クネームのあとに V の文字が付くので，「大 V（Da V）」と呼ばれている．

参 考 文 献

周洲・松野良一（2014）「「新浪微博」の登場はどのように中国の社会問題を可視化さ
せているか」（『総合政策研究』22 巻）87-107 頁．

章蓉（2017）『コレクティヴ・ジャーナリズム─中国に見るネットメディアの新たな
る可能性─』東京：新聞通信調査会，全 291 頁．

松野良一（2017）「中国のネット・メディア事情（1）「微博」と「禁狗令事件」（『調
査情報』538 号）76-79 頁．

松野良一（2017）「中国のネット・メディア事情（2）「犬肉祭中止事件」と「劉翔棄
権事件」」（『調査情報』539 号）76-79 頁．

松野良一（2018）「中国のネット・ジャーナリズムの可能性と限界」（『学士会報』932
号）18-23 頁．

松野良一（2018）「中国のネット・メディア事情（4）ネットの偽情報と報道」（『調査
情報』541 号）74-77 頁．

松野良一（2018）「中国のネット・メディア事情（5）ネット・ジャーナリズムの可能
性」（『調査情報』542 号）66-69 頁．

松野良一・周洲（2014）「「微博」と社会問題の可視化―中国のコミュニケーション変容」『情報社会のソーシャルデザイン』（第8章所収）東京：NTT出版，191-216頁.

山田賢一（2014）「統制色強まる中国のメディア・言論政策―新政権への『期待』から『失望』へ―」（『放送研究と調査』）55-65頁.

李瑞鵬（2017）『インターネット時代におけるフェイクニュースの研究―中国の新聞・雑誌メディアが関係した事例を中心に―』（未公刊，中央大学大学院総合政策研究科修士論文）.

第2章

誤認の多重化

——「意見分布の推測」の視点から見た デジタル時代のコミュニケーション——

村 田 雅 之

は じ め に

　2018年度と2019年度に実施した2件の調査研究について学会論文の投稿を行い，それぞれ「研究論文」[1]と「報告」[2]に採択された．この章では，各論文の内容を一部要約および修正して「研究1」と「研究2」とし，1節および2節で報告する．最後に，両研究の成果を俯瞰し，今後の発展について論じる．

　2つの研究に共通しているのは，「意見分布の推測」に着目する視点である．各節で後述するが，インターネット上のコミュニケーション行動を想定して，この視点を導入した研究は意外に少ない．「研究1」では「ネット上の誹謗中傷」，「研究2」では「SNSの投稿写真への反応」を取り上げたが，それぞれは「デジタル時代」ならではの事象である．これらについて分析を深める作業は，本プロジェクトのテーマである「デジタル時代のコミュニケーション」を考察していくうえで意義があると考える．

1. ネット中傷の言い訳への共感（研究1）

1-1. 研究1の背景

　情報リテラシー教育は，多くの場で実施されている．にもかかわらず，「ネット上の誹謗中傷」（以下「ネット中傷」）など「悪意のある書き込み」にかかわる事件が多発している．ネットユーザーの量的な増加や質的な変化が，発生頻度の背景であることは否めない．しかし，ネット社会の進展，教育の浸透不足，匿名性といったマクロな社会状況に帰するだけでは十分でなく，ミクロな心理構造の視点からも掘り下げて考察する必要がある．これが1つめの問題意識である．

　「ネット中傷」については，「面白いから」や「ストレス発散」などの要因が指摘されてきた．しかし，ルールに反する可能性に気がついていながら，罪悪感などの抑制要因を抑え込んで中傷に至る過程を検討するには，「楽しさ」などの要因以外にも目を向ける必要がある．この意味では，動機としての「正義感」を論じている研究[3]や番組[4]は重要である．

　一方で，「正義感」など多様な動機を「後押し」する要因としては，「合理化や自己弁護の論理」と「他者の共感の認知」が想定しうる．動機が「正義感」からであっても，社会的なルールには反すると認識している以上，不協和を越えて心理的な安定を得るには，中傷を合理化あるいは正当化しようとする「言い訳の論理」が必要になるのではないか．また，自分の中傷が，多数の他者から反発があると予測していれば書き込みを躊躇するが，多数から「共感」を持って受け入れられると認識すれば，その予測は抑止にならないどころか促進要因にさえなるのではないか．すなわち，「言い訳の論理」と，「他者の意識推測」の2つの要因に着目し，同時に枠組に含む研究を構想することは意義がある．これが2つめの問題意識である．

　ところで，小規模な調査設計では，「ネット中傷」の「経験者」はごく少数にとどまり，要因分析的な作業は困難な可能性がある．さらに，逸脱的な

行為の経験を正直に回答することへの抵抗は避けがたい．そこで，行為の要因を直接に分析するのではなく，「中傷を促進する」あるいは「中傷に至る敷居を下げる」要因を間接的に分析する方針が現実的となる．これが3つめの問題意識である．

　「他者の意識推測」は，主観的な意見分布に着目しているが，客観的な意見分布の形状や動態に着目することも必要である．とりわけ，意見分布における分極化（極性化）の可能性の理解を促すことは，情報リテラシー教育にとってきわめて重要であり，分布の動態理解を容易にする試みが求められている．これが4つめの問題意識である．

　以上の背景と問題意識に基づき，次項では具体的な調査設計に向けて既存研究を整理する．

1-2.　既存研究の整理と検討（研究1）

「ネット中傷」の研究は近年蓄積されつつあり[5),6)]，その被害についての報道も頻繁になされている[7),8)]．社会的な関心は高い一方，新しい社会問題でもあるために，研究の蓄積は十分ではない．中傷の動機にかかわる心理構造については，今後の研究の進展が望まれている状況である．

　さて，ネット中傷にかかわる事例を参照していくと，書き込みの内容や頻度に驚かされることが多い．人格の特異性に帰すことは容易だが，それでは問題の解決にならない．むしろ，人を傷つける罪悪感が存在する「にもかかわらず」，誰もが中傷に陥ってしまう可能性を有すると捉えるべきではないか．さらに，抑制要因といわば「天秤にかけて」でも優位に立つような促進要因や，その要因を二次的に促進・抑制する要因を想定するほうが現実的と考える．そこで本研究では，中傷を合理化あるいは正当化する「言い訳」に着目したい．

　「言い訳」を中心的な視点に設定した研究は意外に少ないが，たとえば「社会心理学」の視点からは，「迷惑行為をとがめられたときの反論」が，以下の6つのパターンに分類されている[9)]．すなわち，「1.『法律に違反して

いるわけではない』『何も間違ったことはしていない』という反論」,「2.『誰
の迷惑にもなっていない』という反論」,「3.『自分以外の他者も, 違反を
やっている』という反論」,「4.『自身の迷惑行為は, たいしたことではない』
という反論」,「5.『まずい』とわかっていながら, 咎められた場合に『悪意
はなかった』などと, 相手の寛容な対応に訴える反論」,「6. そもそも自分の
行為が,『迷惑を及ぼしたり, やってはいけない行為であると気がつかな
かった』という反論」である.

　また,「犯罪学」の視点からは, たとえば非行少年による違法行為につい
ての正当化, 合理化に着目し, そのパターンとして「中和の技術」(techniques
of neutralization) が提唱されている[10),11)]. すなわち,「責任の否定 (the denial
of responsibility)」,「危害の否定 (the denial of injury)」,「被害者の否定 (the
denial of the victim)」,「非難者への非難 (the condemnation of the condemners)」,
「高度の忠誠心への訴え (the appeal to higher loyalties)」の5つである. 順に
「自分はある環境に巻き込まれたのであって, 自分には責任がない」,「これ
は遊びやふざけであるので, たいしたことではない」,「これは, 相手が受け
て当然の攻撃であって, 相手にこそ責任がある」,「こうした行為を非難する
者も問題含みであり, 非難する資格はない」,「忠誠を誓うべき秩序や大義が
荒らされているのだから, 見逃せない」といった表現が対応する[12)].「非行
を積極的な学習という面からではなく, 伝統的規範の中和(非行の合理化, 正
当化)という面から理解しようとする」[13)] という考え方であるが,「非行」
に限らず様々な行為に適用可能である.

　他者の意識推測に着目した研究は, 社会心理学の領域で蓄積されてきた.
しばしば言及される「フォールス・コンセンサス効果」(false consensus
effect:以下「FC効果」)とは,「人々が自分自身の判断や意見や行動をその状
況では比較的一般的であり適切なものであるとみなす一方, それとは別の反
応は特殊で逸脱した不適切なものであるとみなす傾向」である[14)]. ロスら
による古典的な研究[15)] 以降, メタ分析も行われ[16)], 日本においても青年層
の政治的関心[17)], 集団間関係[18),19)], 男女の有利性[20)], 世代間ギャップ[21)],

ビジネス[22]，性体験[23] など，多様な視点から研究が蓄積され続けている．社会的迷惑行為[24] やルールとマナー[25] に関する研究も散見される一方で，ネット社会の検討に対して，この概念を導入した研究[26],[27],[28] はまだ少ない．

　なお，ツイッター（Twitter）で自らの迷惑行為をさらしたことで炎上を招いた事件について，「……思いが至っていないというのは，ツイッター騒動の当事者たちが，自身の馬鹿な行為を『みんなも喜ぶだろう』などと，誤った認識をしていることを意味します」，「『きっと自分が面白かったんだから，他のみんなも笑ってくれるに違いない』などと考えることが，根本的な間違いなのです」といった指摘がある[29]．ネット上の行為についても，「他者の意識への誤認」について論じる重要性を示す一例となっている．

　ネット上の意見分布については，分極化に伴って意見交換が困難になり，相互理解が失われるリスクが指摘されてきた．たとえば，「炎上とサイバーカスケード」モデル[30]，「意見分布のひょうたんモデル」[31] などのモデル提示が試みられてきたが，分極化などの動態について，直感的な理解に資するグラフィカルな表現の試みは少ない．そこで，「動態を表現する情報デザインの方法論」を提示できれば，大きな意義がある．

1-3. 目的と方法（研究1）

1-3-1. 目的

　以上の問題意識と整理から，本研究の目的は，「言い訳の論理」と「他者の意識推測」の2つの視点を含む大学生対象の質問紙調査の分析から，「ネット中傷」の心理的構造について考察すること，および意見分布の動態の理解に資するグラフィカルな表現とその具体的手順を提示することであり，さらに，それらの検討をとおして，情報リテラシー教育に新たな視点を追加することである．

1-3-2. 調査の概要

　上記の目的に即して，質問紙調査を企画，実施した．対象は東京都内A

大学「社会心理学」受講者，総回答者数は118名である（属性も含めてほぼ無回答の1名を除くため分析対象は117名）．実施は2018年6月で，講義中に調査票を配布し，終了時にリアクションペーパーと同時に提出して退室するよう依頼した．無記名であり，講義出欠との関連づけは設定していない．

1-3-3. 項目選択と質問構造

具体的な質問項目の選択に際しては，1-2で触れた各類型を意識して，「ネット中傷」の「言い訳」として主張されうる文章を構想し，最終的に以下の5項目を選択した．すなわち，「ネット上で『他人を中傷する書き込み』をした人が，次のような『5つの意見』を述べたと仮定します．」という前提を提示したうえで，「悪いことをするような人には，ネット上で中傷してでも，やったことの罪を思い知らせてやるべきだ」（以下「罪」:「被害者の否定」との対応を意識），「ネット上でみんなが中傷していたのを見て，あとから中傷したのに，自分が責められるのは納得できない」（以下「あと」:「責任の否定」との対応を意識），「ネット上の中傷はやめようとか言っている人だって，ホンネでは中傷したい気持ちになることがあるはずだ」（以下「ホンネ」:「非難者への非難」との対応を意識），「中傷ではあっても，ネット上の書き込み程度でとやかく言うと，きゅうくつな世の中になってしまう」（以下「窮屈」:「危害の否定」との対応を意識），「ネット上で他人を中傷することにだって，表現の自由や言論の自由があるはずだ」（以下「自由」:「高度の忠誠心への訴え」との対応を意識）の各項目について，「あなた自身はどう感じますか？」と尋ね，「共感できる」，「共感できない」，「どちらともいえない」から答えてもらった．

さらに，1-2で示した「FC効果」の諸研究における質問形式を参考にして，「この意見について，あなた自身の感じ方は別として，次の人々のそれぞれ何%くらいが『共感できる』だと思いますか？」のように尋ね，「『あなたの親しい友人たち』のうち，『共感できる』なのは（空欄）%くらいだろうと思う．」の空欄箇所に，推測するパーセンテージの具体的な数字を記入してもらった．また，「今この教室内にいる学生」，「日本の一般的なネット

ユーザー」についても同様に尋ねた．すなわち，「5つの意見」に対する「自分の共感」（計 5 通り）と，「5つの意見ごと 3 種の推測共感割合」（計 15 通り）のデータが得られることになる．

1-4.　結果と考察（研究 1）

1-4-1.　実際の意見分布

5つの「意見」（他人を中傷する書き込みをした人の「言い訳」）について，「自分の共感」の分布を示したのが表 1[32]である．なお，「共感できる」の割合が小から大になるように，質問紙と項目の順序を変更している．

「共感できる」は「罪」（9.4%），「あと」（11.1%），「自由」（17.1%），「窮屈」（29.9%），「ホンネ」（58.1%）の順に増えるが，散らばりが大きい．「共感できない」は「あと」（64.1%）と「罪」（53.8%）が前後するが，「自由」（49.6%），「窮屈」（33.3%），「ホンネ」（22.2%）の順に小さくなり，「共感できる」の大きい順とおおむね対応している．それぞれ 2 割から 4 割近くが「どちらともいえない」である．

「共感できる」は「ホンネ」以外では 3 割未満であるが，少なくとも「言い訳」に対して「共感できない」と拒絶する人が圧倒的大多数とはいえず，

表 1　他人を中傷する書き込みをした人の「言い訳」への共感

	悪いことをするような人には，ネット上で中傷しても，やったことの罪を思い知らせてやるべきだ	ネット上でみんなが中傷していたのを見て，あとから中傷したのに，自分が責められるのは納得できない	ネット上で他人を中傷することにだって，表現の自由や言論の自由があるはずだ	中傷ではあっても，ネット上の書き込み程度でとやかく言うと，きゅうくつな世の中になってしまう	ネット上の中傷はやめようとか言っている人だって，ホンネでは中傷したい気持ちになることがあるはずだ
共感できる	9.4	11.1	17.1	29.9	58.1
どちらともいえない	35.9	24.8	32.5	35.9	19.7
共感できない	53.8	64.1	49.6	33.3	22.2
無回答	0.9	0.0	0.9	0.9	0.0
計	100.0	100.0	100.0	100.0	100.0

注：単位%，N=117
出所：村田（2017）

全体に「許容しうる土壌」があることがわかる。もちろん，中傷の対象，書き込みの内容，ダメージの大きさなど，具体的な条件変数について指定していないので，許容性についての過度の解釈はできない。そこで，ここでは上の「許容しうる土壌」の存在を確認するにとどめ，以降の分析の背景とする。

1-4-2. 意見分布の推測

5つの意見，3種類の属性に対する「共感できる」推測の基本統計と，以降に示す分散分析の結果をあわせて示したのが表2[33]である。

ここで，「今この教室内にいる学生」に対する「共感できる」の推測値（表2左側）と，実際に教室内にいた学生の「共感できる」の実測値（表1）を，対応させて比較する。厳密には「今この教室内にいる学生」と「教室内で調査に回答した学生」とは一致しないが，近似的な比較対応は十分に想定可能と考える。

「罪」は推測39.1%（実際9.4%），「あと」は推測37.1%（実際11.1%），「自

表2　対象属性別の「共感できる」推測平均値の比較

	推測する属性			F 値	多重比較
	あなたの親しい友人たち	今この教室内にいる学生	日本の一般的なネットユーザー		
悪いことをするような人には，ネット上で中傷してでも，やったことの罪を思い知らせてやるべきだ	34.5 (24.4)	39.1 (19.5)	47.6 (18.5)	11.77**	友人＜教室 *　教室＜一般 ** 友人＜一般 **
ネット上でみんなが中傷していたのを見て，あとから中傷したのに，自分が責められるのは納得できない	31.4 (24.8)	37.1 (22.2)	46.0 (20.7)	12.32**	友人＜教室 **　教室＜一般 ** 友人＜一般 **
ネット上で他人を中傷することにだって，表現の自由や言論の自由があるはずだ	37.6 (25.0)	41.7 (22.0)	48.6 (21.3)	6.84**	友人＜教室 **　教室＜一般 ** 友人＜一般 **
中傷ではあっても，ネット上の書き込み程度でとやかく言うと，きゅうくつな世の中になってしまう	41.0 (22.4)	45.0 (19.0)	50.4 (18.2)	6.31**	友人＜教室 *　教室＜一般 ** 友人＜一般 **
ネット上の中傷はやめようとか言っている人だって，ホンネでは中傷したい気持ちになることがあるはずだ	49.2 (27.1)	53.2 (22.5)	59.0 (22.1)	4.90**	友人＜教室 *　教室＜一般 ** 友人＜一般 **

注：「共感できる」推測の平均値（単位%），括弧内は標準偏差．**$p<.01$　*$p<.05$.
出所：村田（2017）

由」は推測 41.7%（実際 17.1%），「窮屈」は推測 45.0%（実際 29.9%），「ホンネ」は推測 53.2%（実際 58.1%）となっている．「ホンネ」を除く 4 項目で，「共感」方向に極端な誤認（約 1.5 倍から 4 倍）が生じており，「今この教室内にいる学生」に対して推測された「共感できる」の数値は，「過大に見積もられる」傾向が読み取れる．

　なお，実測値において「どちらともいえない」と無回答を除き，「共感できる」と「共感できない」の合計を分母に設定した仮調整値（共感＋非共感の合計人数中で共感者の占める割合）を算出すると，「罪」，「あと」，「自由」，「窮屈」，「ホンネ」の順に 14.7%，14.8%，25.3%，46.7%，72.3%となった．「共感／非共感比」に特化した仮調整値と比べても，「ホンネ」以外の各推測値は上回っている．

　「今この教室内にいる学生」（以下「教室」）以外の「あなたの親しい友人たち」（以下「友人」）や「日本の一般的なネットユーザー」（以下「一般」）に対する推測の正確性は厳密には議論できない．しかし，「ホンネ」を除く 4 項目で，実際に 4 割から 5 割が「共感できる」とは想定しにくい．あくまで仮定ではあるものの，「今この教室内にいる学生」同様の「見積りの過大視」が生じていることが想定される．

　次に，5 つの意見それぞれについて，「あなたの親しい友人たち」，「今この教室内にいる学生」，「日本の一般的なネットユーザー」の 3 属性間の相関係数を算出した．「友人—教室」，「教室— 一般」，「一般—友人」の順で，「罪 」は N=117, 0.672, 0.385, 0.676, 「あ と 」は N=117, 0.797, 0.748, 0.492,「自由」は N=115, 0.812, 0.806, 0.576,「窮屈」は N=115, 0.724, 0.681, 0.459,「ホンネ」は N=117, 0.811, 0.856, 0.663 となっており，すべて有意水準 1%で有意な相関を示した．推測する属性については「並列」的ではなく，個人を中心としたいわば「同心円」状に設定しているが，それぞれはかなり高く相関していることになる．いわば「一面的でのっぺりした」推測がなされているともいえるが，表 2 の左半分を読み取ると，身近（「友人」）から周辺（「教室」），さらに外側（「一般」）のように推測対象の規模

と範囲が広がるにつれて,「共感できる」の推測割合が増加していることがわかる.

そこで,表2の右半分に示したように,対象となる属性(「友人」,「教室」,「一般」)の3群間において,対応のある一要因分散分析を行った. F 値がすべて1%有意となったため,Bonferroni法による多重比較を行ったところ,5項目すべてにおいて「友人<教室<一般」の順に有意に高かった.直接接触度の低い属性を,合理化や正当化に対して,より「許容的」あるいは「寛容」な存在と認識しているといえよう.

ここで,各意見・対象属性別に,自分の意見(「共感できる」(以下「共感」),「どちらともいえない」(以下「保留」),「共感できない」(以下「非共感」))グループごとの「共感できる」平均推測値を算出し,基本統計と分散分析の結果を示したのが表3[34]である.

5項目3属性の15項目すべてにおいて「共感」グループの推測値が最も大きく,「窮屈」と「ホンネ」の「一般」を除く13項目で「共感>保留>非共感」の順である.

そこで,自分の意見(「共感」,「保留」,「非共感」)別の3群間において,平均値の一要因分散分析(df=2, 112-114)を行った.なお,対象となる「共感」,「保留」,「非共感」の各標本数は,「罪」で順に11名,42名,63名,「あと」で13名,29名,75名,「自由」で19名,38名,58名,「窮屈」で35名,41名,39名,「ホンネ」で68名,23名,26名である. F 値が15項目のすべてで有意となったため,Bonferroni法による多重比較を行った.

15項目中14項目で「共感」群が「非共感」群より有意に高く,13項目で「共感」群が「保留」群より有意に高かった.すなわち,全体に「共感>保留>非共感」の構造が読み取れる.また,「自分と同じ回答をする他者の割合を過大に見積もる」という「FC効果」が,少なくとも「共感」回答者に示されている.

本研究では,「自分と同じ回答」の割合推測ではなく,自分の回答には依らず一律に「共感できる」の割合推測を求めている.また,「非共感」回答

表3　自分の意見別・対象属性別の「共感できる」推測平均値の比較

		自分の意見			F値	多重比較
		共感 できる	どちらとも いえない	共感 できない		
悪いことをするような人には，ネット上で中傷してでも，やったことの罪を思い知らせてやるべきだ	あなたの親しい友人たち	55.5 (25.7)	36.1 (19.0)	29.6 (25.6)	5.88**	共感＞保留 *　　共感＞非共感 **
	今この教室内にいる学生	54.1 (26.5)	40.0 (15.3)	35.7 (19.7)	4.49*	共感＞非共感 *
	日本の一般的なネットユーザー	66.4 (15.7)	47.0 (16.6)	44.3 (18.2)	7.51**	共感＞保留 **　　共感＞非共感 **
ネット上でみんなが中傷していたのを見て，あとから中傷したのに，自分が責められるのは納得できない	あなたの親しい友人たち	55.4 (18.6)	32.8 (20.1)	26.8 (25.1)	8.39**	共感＞保留 **　　共感＞非共感 **
	今この教室内にいる学生	56.9 (15.6)	37.2 (19.4)	33.5 (22.6)	6.76**	共感＞保留 **　　共感＞非共感 **
	日本の一般的なネットユーザー	59.2 (19.5)	49.9 (20.9)	42.2 (19.9)	4.71*	共感＞非共感 *
ネット上で他人を中傷することにだって，表現の自由や言論の自由があるはずだ	あなたの親しい友人たち	60.0 (20.1)	39.1 (19.4)	29.3 (25.4)	13.24**	共感＞保留 **　　共感＞非共感 **
	今この教室内にいる学生	57.1 (17.4)	41.1 (18.4)	37.1 (22.2)	6.50**	共感＞保留 **　　共感＞非共感 **
	日本の一般的なネットユーザー	65.0 (14.7)	49.6 (17.0)	42.6 (22.8)	9.16**	共感＞保留 **　　共感＞非共感 **
中傷ではあっても，ネット上の書き込み程度でとやかく言うと，きゅうくつな世の中になってしまう	あなたの親しい友人たち	58.4 (18.7)	37.0 (16.5)	29.7 (21.8)	22.34**	共感＞保留 **　　共感＞非共感 **
	今この教室内にいる学生	56.1 (16.5)	40.2 (15.2)	40.1 (20.9)	9.88**	共感＞保留 **　　共感＞非共感 **
	日本の一般的なネットユーザー	57.3 (13.4)	46.0 (16.9)	48.7 (21.6)	4.08*	共感＞保留 **
ネット上の中傷はやめようとか言っている人だって，ホンネでは中傷したい気持ちになることがあるはずだ	あなたの親しい友人たち	62.0 (23.0)	38.7 (18.5)	25.0 (23.3)	29.27**	共感＞保留 **　　保留＞非共感 † 共感＞非共感 **
	今この教室内にいる学生	64.9 (17.9)	39.3 (14.3)	34.9 (20.6)	34.97**	共感＞保留 **　　共感＞非共感 **
	日本の一般的なネットユーザー	69.9 (17.9)	43.3 (14.5)	44.3 (21.3)	29.43**	共感＞保留 **　　共感＞非共感 **

注：「共感できる」推測の平均値（単位%），括弧内は標準偏差，**p<.01　*p<.05　†p<.10，
　　分散が等しくない場合は Welch の t 検定を行った.
出所：村田（2017）

者が「実際より過小に見積もっている」とまではいえない．したがって，「非共感」回答者は，厳密な意味での「FC効果」には該当しないともいえるが，「自分とは逆の回答（＝「共感できる」）をする他者の割合を，他の回答者より少なく見積もる」傾向までは指摘することができよう．

　以上は，「『共感』の度合いが高い群ほど，他者の『共感できる』割合を高く見積もる傾向」を示していると解釈できる．さらに「共感」群は他群より突出して「共感できる」割合を高く見積もっており（15項目すべてで50%以

上），自分の「共感」が「多数派」と共有されていると認識しやすいことがわかる．「見積りの過大視」の傾向についてはすでに示したが，表3に基づく検討は，さらに「多数派認知による共感の促進と固定化」の可能性を示唆しているといえよう．

1-5. 動態を表現する試み

　問題意識と目的でも示したように，分布の動態についての直感的な理解に資する「グラフィカルな表現の試み」を行いたい．そこで，以下の連続的な手順に基づき，各表の数値を「図形」に置き換えて示したのが図1[35]である．

図1　閾値による自分の意見別・対象属性別の分極表現

悪いことをするような人には，ネット上で中傷してでも，
やったことの罪を思い知らせてやるべきだ

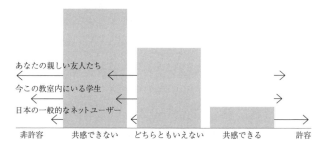

ネット上でみんなが中傷していたのを見て，あとから中傷
したのに，自分が責められるのは納得できない

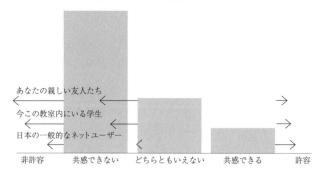

ネット上で他人を中傷することにだって，表現の自由や
言論の自由があるはずだ

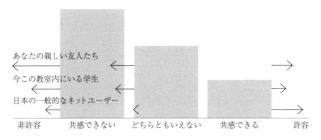

中傷ではあっても，ネット上の書き込み程度でとやかく
言うと，きゅうくつな世の中になってしまう

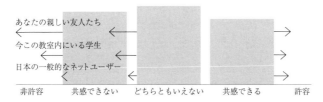

ネット上の中傷はやめようとか言っている人だって，
ホンネでは中傷したい気持ちになることがあるはずだ

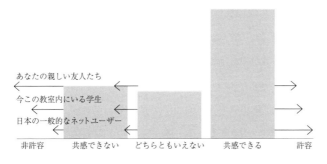

出所：村田（2017）

[**手順1**]「共感できる」，「どちらともいえない」，「共感できない」の順に，
ネット中傷に対して「許容」する度合いが高いと判断して，共感側に「許
容」，非共感側に「非許容」を配置した直線を設定する．

[**手順2**] 表1の「共感できる」，「どちらともいえない」，「共感できない」
のそれぞれの割合に応じて，底辺が同じで高さの異なる長方形を，上記 [手

44

順1］の直線上に配置する．すなわち，高さの比が回答分布（底辺が同じなので面積）の比と等しくなる．

[手順3] 表3の「共感できる」，「どちらともいえない」，「共感できない」の各グループにおいて，「あなたの親しい友人たち」，「今この教室内にいる学生」，「日本の一般的なネットユーザー」の各推測値から，「多数派」と「少数派」の中間となる「閾値としての50」を引く．すなわち，「共感」推測値が50％より大きければ正の値，小さければ負の値となる．

[手順4] 上から「あなたの親しい友人たち」，「今この教室内にいる学生」，「日本の一般的なネットユーザー」の順に，［手順3］の50を引いた値が正なら「許容」側，負なら「非許容」側に向けて，「絶対値」を大きさとする矢印を，［手順2］の長方形に付加する．矢印の始点は，正なら右辺，負なら左辺とする．

　実際の数値例に沿って手順を示してみよう．表1の「罪」で（自分が）「共感できない」は「53.8％」であった．比率に応じて，他より高い長方形を「非許容側」（左端）に配置する（［手順2］）．表3最上段の「罪」→「あなたの親しい友人たち」→「共感できない」は「29.6％」なので，50を引くと「－20.4」となる（［手順3］）．算出値が負なので，大きさが「絶対値」，向きが「非許容側」（左向き）の矢印を，長方形の左辺最上段に配置する．「今この教室内にいる学生」は「－14.3」，「日本の一般的なネットユーザー」は「－5.7」なので，矢印の向きは同じでも大きさは小さくなる（［手順4］）．

　すなわち，「共感」を50％より多く推測すれば「許容」側に，少なく推測すれば「非許容」側に，「閾値（50％）からの偏差に応じた矢印の方向と大きさに応じて，許容の促進または抑止の方向に力が働く」と操作的に定義して，大きさと方向のあるベクトル的に捉えることにより，動態のポテンシャルの可視化を試みたことになる．

　表3の各数値の分布状況を個別に参照することでも，「分極」のイメージは想定しうる．しかし，分布状況を図化することで，「許容的な人はより許容的に，非許容的な人はより非許容的に」という動的なイメージが，視覚的

に把握しやすくなったと考える．また，具体的な構成手順を示すことで，本研究以外の各種データにも適用が可能となった．

　もちろん，図1は多くの仮定を前提としている．集団的な平均値と閾値（50％）との偏差を，分布の変形をもたらす「力」の指標として採用するのは，あくまで操作的定義に基づいている．また，閾値として単純に「50％」を採用することは，「他者」をいわば均質な存在とみなし，かつ人を「単純な多数派認知の影響を受ける存在」として捉えることを意味する．単純化に伴うこれらの限界は，表現の抽象度を上げるに際して避けがたい．

　しかし，情報デザインを伴うデータ表現の試みは，その必要性に比して少ない．現状では，まずは蓄積が必要な段階であると考える．従来の研究が十分に試みてこなかった「動的イメージの可視化」を試みたという意味で，図1と表現手順の提示にも相応の意義があろう．

1-6. おわりに（研究1）

　以上の分析と考察に基づき，情報リテラシー教育における新たな視点の追加を提案したい．具体的には，「『過大視リスク』の伝達」についての2つの項目を追加する提案である．

　1つめは，「あなたが思っているほど，言い訳に『共感』する人は多くないかもしれません」ということである（「共感推測の過大視リスク」）．1-4-2で示した「見積りの過大視」が存在するなら，仮に自分が中傷して言い訳をした際，期待どおりに多数から共感あるいは受容してもらえるとは限らない．これは1-2での引用（ツイッターにおける受容の期待外れ）の議論とも重なる．

　もう1つは，「言い訳に『共感』するあなたは，他者の『共感』を過大視しているかもしれません」ということである（「共感共有の過大視リスク」）．1-4-2の後半で示したように，自分が「共感」に近いほど，より多くの他者が「共感」に思えてしまう傾向がある．

　すなわち，「『あなたの認知している世界像は，たんに歪んでいる可能性が

46

あるというだけでなく，あなた自身の認知傾向によってさらに歪みを増している可能性がある』という『誤認の二重化＝極端化』のプロセス」[36] についての理解を導くことが重要と考える．

　ところで，本研究は調査対象が大学生に限定されており，統計的に有意な傾向であっても，結果の過度な一般化はできない．また，本研究で論じたのはあくまで言い訳への「共感」である．共感や推測割合の高さが，すぐに本人の中傷行為に結びつくなどと考えるのは早計である．また，図1の表現にも，多数の仮定が前提となっている．これらに十分に留意して慎重に解釈していくとともに，さらに広い範囲のネットユーザーの心理構造を調査，分析していくことが課題となる．

　本研究と同様の手順と形式に基づき，情報リテラシーを学ぶクラスなどで調査を実施，分析すれば，その教室内の回答者データの分布から，よりリアリティのある「過大視リスク」などのフィードバックが可能になるだろう．また，その試みの中で，新たなモデルが提案され，グラフィカルに表現され，また蓄積がされていくことが，この領域の発展において非常に重要と考える．

2. SNSの投稿写真に好意的な反応を返す義務感（研究2）

2-1. 研究2の背景

　SNS（Social Networking Service）における写真の投稿が，近年ますます身近になってきている．その仕組みは，日常的で多様な関係の維持だけでなく，デジタル時代の新たなコミュニケーションの創出や，写真の新たな楽しみ方をも導いている．

　写真に特化したSNSである「インスタグラム（Instagram）」については，投稿写真の見栄えがよいことを意味する「インスタ映え」が，「現代用語の基礎知識選　2017ユーキャン新語・流行語大賞」年間大賞に，「忖度」と並

んで選ばれている[37]．また，「SNS でシェアするために消費を行うという『発信するための消費』が少なからず存在し，それが経済効果を生み出している」[38] のように，消費行動に伴う経済効果が論じられることも多い．

一方で，いわゆる「SNS 疲れ」や「SNS ストレス」と表現されるネガティブな側面についても，様々な議論がなされるようになってきた[39],[40],[41],[42],[43]．「承認欲求」との関連で議論されることもあるが[44],[45],[46]，SNS における相互的な承認の様相は，自己表現と情報リテラシー教育の視点からも，重要な研究課題となりうる．これが 1 つめの問題意識である．

SNS 投稿への反応については，「いいね」を求めて SNS を過剰に使用し，依存状態に陥る危険性が指摘されてきたが，「いいね」を返すことの「義務化」も指摘されている[47],[48],[49]．いわゆる「返報性」による説明（「互恵性，互酬性ともいう．他者から受けた行為に対して，自分も同種の行為をその他者に対して行うこと．」[50]）が可能であり，「示された好意には好意を返すべきと思うから」あるいは「同様に返さないと失礼にあたるから」という理由は理解しやすい．一方で，「いいね」をつけた側の人が，同様に返されることを期待していない可能性もありうるはずである．相手が人間関係上の義務あるいは規範（「したほうがよい」）として認識していない「いいね」返報を，いわば「忖度」によって「行わなければならない」あるいは「行うべき」と強迫的に認識している可能性はないだろうか．さらに，そのような「空回り」現象について，検討する方法論はないだろうか．これが 2 つめの問題意識である．

他者の意識を推測する際の「誤認」について議論するには，社会心理学の概念である「フォールス・コンセンサス効果」の導入が有効である．概念の説明と既存研究は 1-2（研究 1）で示したため省略するが，SNS 上での行動，とくに「写真投稿」に焦点を絞り，この概念を導入した研究はほとんど見当たらない．これが 3 つめの問題意識である．

総務省情報通信政策研究所の調査[51] によれば，利用者間のコミュニケーションを主な目的とするソーシャルメディア系サービス／アプリの利用率

（全年代）は，「LINE」82.3％，「Twitter」37.3％，「Instagram」35.5％，「Facebook」32.8％，「TikTok」10.3％であった．10代（N=141）に限れば，順に88.7％，66.7％，58.2％，17.0％，39.0％となっている．これほど多くの人々が利用している現状では，「SNS疲れ」のように，利用者に裁量や制御可能な範囲が残されている問題よりも，個人での即時制御が困難な「炎上」，「フェイクニュース拡散」など社会的影響が大きい問題のリスクが重視されるようになるのは当然である．SNSの使い方について，教育場面や報道においては，「何をするべきでないのか」や「何をすると大きな社会問題になってしまうのか」のような禁忌的，予防的内容が強調されてきた．「絶対にしてはいけない行為」が優先され，「判断が任されている行為」や「すべきかどうかが現段階では曖昧な行為」に伴う問題については，取り上げられるのが少なかったのではないか．これが4つめの問題意識である．

　ところで，上述の総務省情報通信政策研究所の調査によれば，たとえば「Instagram」の利用率は男性28.4％，女性42.8％と差がみられた[52]．「いいね」を「返したほうがよい」という認識や他者の意識推測の状況も，性別やSNSの使用状況によって異なるのであろうか．「どのような人々の間で一般化，義務化している（あるいはしていない）のか」は，教育の現場において，受講対象者を設定する過程や，「どのような人々との交流場面ではどのような注意が必要なのか」を伝える過程で，貴重な情報になるのではないか．これが5つめの問題意識である．

　以上の背景と問題意識の整理に基づき，次の2-2で具体的な調査設計を行う．

2-2. 目的と方法（研究2）

2-2-1. 目的

　本研究の目的は，写真を投稿できるSNSサービスで，好意的な評価（「いいね」）をしてくれた人の写真投稿に好意的な返報をすることを「義務」と捉える認識の心理的構造について，「他者の意識推測」の項目を含む質問紙

調査の分析から考察することである．さらに，この検討をとおして，情報社会における写真の表現・発信を意識した情報リテラシー教育に，新たな視点を提供することである．

2-2-2. 調査の概要

上記の目的に対応して，質問紙調査（他領域の研究の質問項目も含む）を企画した．対象は東京都内の A 大学における講義科目（「社会心理学」）受講者，総回答者数は 182 名，実施は 2019 年 11 月である．講義開始時に調査票を配布して，終了時にリアクションペーパーと同時に提出して退室するよう依頼した．無記名であり，講義出欠との関連づけは設定していない．

2-2-3. 項目選択と質問構造

「自分の意見」については，「写真を投稿できる SNS サービスで，自分のアップした写真に『いいね』を付けてくれた人の写真投稿には，『いいね』を返すほうがよい」という意見について，「あなた自身はどう思いますか？」と尋ね，「そう思う」，「そうは思わない」，「どちらともいえない」から答えてもらった．

「他者の意識推測」については，1-2 で触れた FC 効果の諸研究における質問形式を参考にして，「この意見について，あなた自身の感じ方は別として，次の人々のそれぞれ何 % くらいが『そう思う』だと思いますか？」と尋ね，「『今この教室内にいる学生』のうち，『そう思う』なのは（空欄）% くらいだろうと思う」の空欄箇所に，推測する割合（%）の具体的な数字を記入してもらった．さらに，写真の投稿や鑑賞などに特化した推測対象として「同世代のインスタグラム利用者」を設定する一方で，逆に SNS 利用に限定しない推測対象として「日本の一般的なネットユーザー」を設定して，同様の形式で尋ねた．すなわち，「自分の意見」だけでなく，「3 種類の対象の推測割合」と合わせて，計 4 種のデータが得られることになる．

「使用状況」については，「『写真を投稿できる SNS サービス』について，

現在のあなたの使い方にもっとも近いのはどれですか？」と尋ね，使用段階を仮想的に設定して，「『写真』を日常的に投稿している」，「『写真』をときどき投稿している」，「コメントの書き込みはしているが，『写真』の投稿はしていない」，「閲覧はしているが，コメントも『写真』の投稿もしていない」，「使っていない」の5段階から選んでもらった．

「性別」については，「男性」と「女性」のほかに，性自認の多様性に伴う非回答の意思を意識した「ここでは答えたくないです」を選択肢として設定した．

2-3. 結果と考察（研究2）

2-3-1. 実際の意見分布

「写真を投稿できるSNSサービスで，自分のアップした写真に『いいね』を付けてくれた人の写真投稿には，『いいね』を返すほうがよい」という意見について，単純集計分布を示したのが表4[53]である．

表4 「『いいね』を返すほうがよい」の賛否

そう思う	23.6
どちらともいえない	13.7
そうは思わない	62.6
計	100.0

注：単位%，N=182，無回答は0名．
出所：村田（2020）

「そう思う」（以下「賛成」）が23.6％，「そうは思わない」（以下「反対」）が62.6％となり，「反対」が多数派であることがわかる．中間の「どちらともいえない」（以下「保留」）は13.7％と少ない．調査対象者（大学生）においてであり，使用者間の関係など具体的な条件指定をしていないので，過度の解釈はできない．しかし，少なくとも誰もが「『いいね』を返したほうがよい」と認識しているとはいえず，SNS上の義務として一般化しているわけではない，ということを確認して，以降の分析の背景とする．

2-3-2.　意見分布の推測

「今この教室内にいる学生（以下「教室」）」,「同世代のインスタグラム利用者（以下「同世代」）」,「日本の一般的なネットユーザー（以下「一般」）」に対する「そう思う」推測の基本統計（「平均」と「標準偏差」），および「関連のある分散分析」（属性間）の結果を表5[54]に示す.

表5　「そう思う」推測の「対象属性」別平均値と多重比較結果

推測する属性			F 値	多重比較
今この教室内にいる学生	同世代のインスタグラム利用者	日本の一般的なネットユーザー		
55.1 (20.2)	62.3 (19.9)	48.7 (19.3)	21.38**	同世代＞教室 ** 教室＞一般 ** 同世代＞一般 **

注：「そう思う」推測の平均値（単位%），括弧内は標準偏差，N=181，**p<.01.
出所：村田（2020）

「教室」の「そう思う」推測値は平均55.1%，「同世代」は62.3%，「一般」は48.7%である.「同世代」,「教室」,「一般」の順であり，「教室」と「同世代」では推測値が半数を超えて「多数派」と認識されていることがわかる.

ここで，「教室」の推測値（55.1%）と，実際に教室内にいた学生の実測値（表4の23.6%）との比較を試みる. 回答せずに退室した学生もいるため，「今この教室内にいる学生」と「教室内で実際に回答した学生」とは厳密には一致しないが，近似的な比較対応は可能と考える.「今この教室内にいる学生」の賛成割合において，推測と実際との間に大きな差（55.1/23.6で約2.3倍）が生じており，「過大に推測される（見積もられる）」傾向を指摘できる. なお，「どちらともいえない」を除き，「そう思う」と「そうは思わない」の合計を分母に設定した調整値（「賛成＋反対の合計人数」中で「賛成」の占める割合）を算出しても27.3%となり，推測値（55.1%）の半分にも及ばない.

「教室」以外（「同世代」や「一般」）に対する推測の正確性については，実測値が示せないため比較できず，厳密には議論できない. しかし，「教室」と同様の「見積りの過大視」が生じていることが想定できるであろう.

続いて，「教室」,「同世代」,「一般」の3属性間の相関係数をみると，「教

室—同世代」，「同世代— 一般」，「教室— 一般」の順で，0.809，0.729，0.754
（すべて有意水準1％）であった．高い相関から意識上での弁別は強くないと
もいえるが，推測値上は「同世代（62.3％）＞教室（55.1％）＞一般（48.7％）」
のように，項目設計時に使用頻度を想定した順序と一致していた．

そこで，表5の右部分のように，「教室」，「同世代」，「一般」の3群間に
おいて，対応のある一要因分散分析を行った．F値が1％有意となったため，
続けてBonferroni法による多重比較を行ったところ，「同世代＞教室＞一般」
の順序が1％有意であることがわかる．

「写真投稿」に特化した推測対象として設定した「同世代（のインスタグラ
ム利用者）」の順序が上で，SNS利用に限定しない推測対象として設定した
「一般」の順序が下であることから，「写真投稿への親近性が高い人々に賛成
割合がより高いと推測する」傾向がある，と解釈できるであろう．

次に，自分の意見別の3グループ（「賛成」，「保留」，「反対」）において，「そ
う思う」推測の基本統計（「平均」と「標準偏差」），および分散分析の結果を
表6[55]に示した．

表6 「そう思う」推測の「自分の意見」別平均値と多重比較結果

	自分の意見			F 値	多重比較
	そう思う	どちらとも いえない	そうは 思わない		
今この教室内に いる学生	65.6 (14.3)	58.3 (14.8)	50.4 (21.6)	10.11**	賛成＞反対 ** 保留＞反対 †
同世代のインス タグラム利用者	70.3 (13.6)	69.2 (12.1)	57.8 (21.9)	8.48**	賛成＞反対 ** 保留＞反対 **
日本の一般的な ネットユーザー	53.2 (15.2)	55.2 (15.6)	45.6 (20.8)	4.15*	賛成＞反対 * 保留＞反対 †

注：「そう思う」推測の平均値（単位％），括弧内は標準偏差．**$p<.01$ *$p<.05$ †$p<.10$，
　　分散が等しくない場合はWelchのt検定を行った．
出所：村田（2020）

「反対」が3属性とももっとも少なく，「教室」以外の2項目では「賛成」
と「保留」の差が小さい．自分の意見（「賛成」(N=43)，「保留」(N=25)，「反
対」(N=114)）別の3群間において，平均値の一要因分散分析を行ったとこ

ろ，F 値が3項目のすべてで有意となったため，Bonferroni 法による多重比較を行った．

　3項目とも「賛成」群が「反対」群より有意に高く（2項目 $p<.01$，1項目 $p<.05$），「保留」群も「反対」群より高い傾向がみられた（1項目 $p<.01$，2項目 $p<.10$）．「賛成」群と「保留」群は，3項目とも有意にならなかった．すなわち，全体に「賛成（＝保留）＞反対」の構造が読み取れる．ここからは，「自分と同じ回答をする他者の割合を過大に見積もる」という FC 効果が，少なくとも「賛成」群に存在していると考える．

　本研究では，「自分と同じ回答」の割合を推測するのではなく，自分の回答には依らず一律に「そう思う」の割合推測を求めている．したがって，「反対」回答者は，厳密には FC 効果に該当しないともいえる．しかし，「自分とは逆の回答（＝「そう思う」）をする他者の割合を，他の回答者（「賛成」や「保留」）よりも少なく見積もる」傾向までは指摘することができるであろう．

　さらに，3群間の比較だけでなく，数値の大きさ自体にも着目する．表6の9種類の組み合わせのうち，「一般」の「反対」（45.6％）を除く8つの推測値で50％を超えている．ここから，自分の意見に依らず，全体として「『賛成』を『多数派』と認識している」傾向を指摘できる．

　自分が「賛成」の人については，自身の認識（「返すほうがよい」）が多数派として「共有されている」と認識することで，「多数派認知による賛成意見の固定化」の可能性が示唆される．また，先述した「見積りの過大視」と「多数派認知」は，いわば「誤認の二重化」（2-4で後述）を導くかもしれない．また，「保留」の人は，「返すほうがよい」が多数派で一般化した意見と認識することで，自分も「賛成」側に押し出される影響を受けるかもしれない．「反対」の人も，「返すほうがよい」が多数派（少なくとも半数近く）であると認識するなら，自分は「反対」であるけれども，他者が「賛成」なら返さざるを得ない，と判断するようになる可能性がある．それぞれの群における「時間軸上の動態」（主観的な多数派認知に伴う意見の強化，維持，逆転など）は本研究の枠を超えるが，重要な視点と考える．

2-3-3. 属性別の認識状況

　現在の使用状況について，「『写真』を日常的に投稿している」，「『写真』をときどき投稿している」，「コメントの書き込みはしているが，『写真』の投稿はしていない」，「閲覧はしているが，コメントも『写真』の投稿もしていない」，「使っていない」の分布を，全体と性別に示したのが表7[56]である．なお，性別については非回答（「ここでは答えたくないです」）2名と無回答2名があるため，全体とは合計が一致しない．

表7　「写真を投稿できる SNS サービス」の現在の使用状況

	全体 （N=182）	男性 （N=69）	女性 （N=109）
日常的に投稿	6.6	5.8	7.3
ときどき投稿	58.2	46.4	65.1
コメントの書き込み	4.9	4.3	5.5
閲覧はしている	25.8	36.2	19.3
使っていない	4.4	7.2	2.8
	100.0	100.0	100.0

注：単位%，性別非回答2名，無回答2名．
出所：村田（2020）

　もっとも多いのは「ときどき投稿」（58.2%）であり，次に多い「閲覧はしている」（25.8%）との2項目で84.1%となっている．「使っていない」は4.4%であり，写真を投稿できる SNS サービスは，対象者の大部分にとって「身近な存在」になっている．「日常的に投稿」は6.6%と少ないが，「ときどき投稿」とあわせると，写真を投稿しているのは3分の2近く（64.8%）になる．

　性別でみると，「ときどき投稿」が女性65.1%に対して男性46.4%，「閲覧はしている」が男性36.2%に対して女性19.3%であった．前述の総務省情報通信政策研究所の調査[57]でも「Instagram」の利用率で性差がみられたが，本調査でも女性に積極的な投稿状況が示された．

次に，性別と使用状況ごとに，賛否を示したのが表 8[58] である．

表 8　性別と使用状況別の「『いいね』を返すほうがよい」の賛否

	性別			使用状況				
	全体 (N=182)	男性 (N=69)	女性 (N=109)	日常的に 投稿 (N=12)	ときどき 投稿 (N=106)	コメントの 書き込み (N=9)	閲覧 している (N=47)	使って いない (N=8)
そう思う	23.6	20.3	24.8	16.7	28.3	11.1	21.3	0.0
どちらともいえない	13.7	20.3	10.1	16.7	12.3	11.1	12.8	37.5
そうは思わない	62.6	59.4	65.1	66.7	59.4	77.8	66.0	62.5
	100.0	100.0	100.0	100.0	100.0	100.0	100.0	100.0

注：単位％.
出所：村田（2020）

　まず性別でみると，男性と女性は「賛成」が 20.3％と 24.8％，「保留」が 20.3％と 10.1％，「反対」が 59.4％と 65.1％である．カイ二乗検定で有意差は認められなかった（$\chi^2(2)$=3.72, n.s.）．使用状況については，10 人未満のカテゴリーも複数あり，表から直接議論するのは困難である．そこで，写真投稿の有無で二群に分け，写真投稿をする群（「日常的に投稿」＋「ときどき投稿」：N=118）としない群（「書き込み」＋「閲覧」＋「非使用」：N=64）にまとめて比較した．する群としない群は「賛成」が 27.1％と 17.2％，「保留」が 12.7％と 15.6％，「反対」が 60.2％と 67.2％で，カイ二乗検定では有意差は認められなかった（$\chi^2(2)$=2.31, n.s.）．すなわち，性別や使用状況によって，「いいね」を「返すほうがよい」という認識に差があるとはいえなかった．2－3－2 では，「投稿への親近性が高い人々に賛成割合がより高いと推測する」傾向について示したが，本調査の対象者において該当しているとはいえない（推測どおりではない）ことがわかった．すなわち，推測割合の過大視に，属性別傾向の誤認が追加される可能性が示唆された．

　次に，「そう思う」推測の平均値（「教室」，「同世代」，「一般」）について，性別と使用状況別にまとめて示したのが表 9[59] である．

　性別で「教室」が男性 56.6％と女性 53.8％，「同世代」が 63.8％と 61.5％，「一般」が 49.4％と 48.4％であった．使用状況で上と同様に写真投稿の有無

56

表9 「そう思う」推測の「性別と使用状況」別平均値

	推測する属性		
	今この教室内に いる学生	同世代のインス タグラム利用者	日本の一般的な ネットユーザー
男性（N=69）	56.6	63.8	49.4
女性（N=109）	53.8	61.5	48.4
日常的に投稿（N=12）	43.9	55.5	42.5
ときどき投稿（N=106）	55.3	61.7	48.8
コメントの書き込み（N=9）	55.0	60.6	48.9
閲覧はしている（N=47）	55.4	63.9	47.2
使っていない（N=8）	66.3	73.8	66.3
全体（N=181）	55.1	62.3	48.7

注：「そう思う」推測の平均値（単位％），性別非回答2名，無回答2名.
出所：村田（2020）

で二群に分け，する群としない群で比較したが，「教室」で54.2％と56.7％，「同世代」で61.1％と64.7％，「一般」で48.1％と49.9％であり，それぞれ大きな差がみられなかった.

すなわち，性別と使用状況は，「自分の意見」および「他者の意識推測」との関連において，ともに大きな差が見出されない.「投稿への積極性が相対的に高い女性と閲覧のみが女性の2倍近い男性の間」，および「閲覧投稿する利用者と（閲覧のみや非使用など）投稿しない利用者との間」で，それぞれ目立った差がみられず，ほぼ一定の割合が該当している.この結果からは，分析の対象とした「したほうがよい」という意見や他者認識が，投稿の積極性や使用経験の深化によって学習，習得された認識ではない可能性が示唆された.

2-4. おわりに（研究2）

以上の分析と考察に基づき，写真の表現・発信を意識した情報リテラシー教育場面に，視点の追加を提案したい.

まず，「あなたが思っているほど，『いいね』を付けてくれた人の写真投稿

には『いいね』を返すほうがよい，という意見は一般的でないかもしれません」と伝えるということである（「義務の一般性の過大視リスク」）．

　2-3-1で示したように，対象者の実際の多数派は「そうは思わない」（62.6％）であった．「『いいね』を返したほうがよい」は，2-3-2のように推測上の多数派に見えても，義務として一般化しているわけではない可能性がある．上記のリスク認識を持つことによって，「そう認識している人が多数派と認識することにより，本心ではよく思わなくても関係が悪化するのを恐れ，『いいね』を強迫的にあるいは機械的にとにかく返す」という方針を，いわば「相対化」して，相手に応じた対応を選択することができるようになるであろう．もちろん，好意の表出が行き来するだけであり，とりあえず誰にでも返しておけばトラブル回避になるから何も問題はない，という考え方もあるかもしれない．しかし，「皆がそう思っているから返さなければならない」という心理的な負荷で「疲れる」ことは望ましくないはずである．また，この相対化は，「自分が付けた人から『いいね』を返してもらえなかったときに，ネット上の一般常識を知らない人として相手を判断してしまう」リスクの軽減にも繋がるであろう．

　さらに，「『返すほうがよい』に賛成しているあなたは，他者の『返すほうがよい』割合をより過大視しているかもしれません」と伝えることが想定しうる（「認識共有の過大視リスク」）．

　2-3-2で示したように，「賛成」群が他者の「賛成」割合を高く見積もる傾向（FC効果）があるとするなら，自分が賛成の人ほど，（他者の多くもそう考えているのだから）「自分が返すのは当然で常識」や「返さない人は常識知らず」という極端な認識に陥りやすいリスクが高まることになる．研究1のまとめとなる「おわりに（研究1）」（1-6）でも同じ箇所を引用したが，「『あなたの認知している世界像は，たんに歪んでいる可能性があるというだけでなく，あなた自身の認知傾向によってさらに歪みを増している可能性がある』という『誤認の二重化＝極端化』のプロセス」[60]を回避するには，この過大視リスクを理解しておく必要があると考える．

　さて，本研究は調査対象が大学生に限定されており，結果の過度な一般化はできない．もちろん，年代的には使用頻度が高く，代表的な利用者ではある．しかし，初等中等教育段階や中高年ビギナーなどを対象とする情報リテラシー教育の内容を検討する際には，別途慎重に解釈していくとともに，広い範囲の対象者の心理構造を調査，分析していくことが課題となる．

　ところで，2-3-2で示した「見積りの過大視」，すなわち「今この教室内にいる学生」の賛成推測割合と実際との間の大きな差（55.1％対23.6％）は，どこから生じたのだろうか．2-3-3で示したように，自分の意見も推測割合も，使用状況による差はみられなかった．「使用経験が深まっていくうちに利用者間の現実が詳細に把握できるようになって誤認の幅が小さくなる」のではないとするならば，何が影響しているのだろうか．他者からの直接的な教示だけでなく，ネット社会の俯瞰を志向する各種Webサイトの参照や，ネット以外も含めた各種メディアとの接触，自校学生のパーソナリティに対するステレオタイプ的な認識などが要因として想定可能であるが，この点についての検討も今後の課題となる．

おわりに

　この最終節では，今後の発展について提示することで，本プロジェクト以降の継続的な研究企画に資することにしたい．検討の視点は「テーマ」，「調査対象」，「モデル化」，「質問形式」の4点として，以下に順に示す．

　まず，「研究1」と「研究2」では，それぞれ「ネット上の誹謗中傷」と「SNSの投稿写真への反応」をテーマに設定して，「見積りの過大視」（「一般性の過大視」と「認識共有の過大視」）およびそれらに伴う「誤認の多重性」の可能性を，共通の分析結果として示した．ここからは，次の3つの調査視点が新たに設定可能であろう．すなわち，これらの共通性は，「ネット社会（デジタル時代）に密接に関連する他の行為においても生じるのか」，逆に「ネッ

ト社会との関連が薄い行為においても生じるのか」，そして「もし生じる（あるいは生じない）とするなら，どのような要因に起因するのか」である．3番目の要因分析については，とくに現代の多様なメディアに対する接触の「量」と「質」に着目することで，コミュニケーション研究としての奥行きをより広げることができると考える．

　次に，「研究1」と「研究2」の調査対象は，ともに大学生に限定されていた．したがって，1-6と2-4で記したように，結果の過度な一般化はできない．初等中等教育段階や中高年などを対象とする教育場面を意識するなら，調査対象の幅を拡大することが必要である．また，同様の質問形式を採用することで，本研究で示した大学生の状況と比較検討することも課題となろう．

　また，1-2で記したように，マクロな動態のモデル化の試みは少ない．ネットによる分極化については様々な議論が交わされているが[61],[62]，より多くの人々の間で具体的なイメージを共有化するうえでも，グラフィカルな表現とその方法論を蓄積していくことが求められる．そのためには，多様な研究領域で提示されてきている既存のコミュニケーション・モデルの具体的な表現についても整理を行い，情報デザインにおけるヒントを得る試みが必要であろう．

　他者の意識推測の質問では，「研究1」では「共感できる」，「研究2」では「そう思う」の推測するパーセンテージの具体的な数字を尋ねている．この質問形式は，（1-4-2と2-3-2で記したように）「自分と同じ回答」の割合を推測するのではない．したがって，「研究1」における「非共感」と「保留」，「研究2」における「反対」と「保留」の回答者については，「自分と同じ回答をする他者の割合を過大に見積もる」というFC効果の議論が，厳密には展開できない．この点を意識した質問と分析の形式を新たに構想することが課題となる．

　以上のように，「デジタル時代のコミュニケーション」について，2つの研究をとおして考察してきた．「研究1」と「研究2」で示したのは，様々な

「誤認」とその「多重化」の様態であり，そのもたらす影響に対するリテラシー教育上の対処（視点の追加）の提案であった．限られた前提からの考察ではあるが，各研究のような基礎的な分析でさえ，蓄積していくことには意義が見出されるであろう．

1) 村田雅之（2017）「ネット中傷の言い訳への共感」（『情報コミュニケーション学会誌』13（2））14-24頁.
    上記拙稿の一部圧縮，修正を伴う「事実上の転載許可」について，当該学会事務局に申請を行い，2020年4月付にて許諾を得た．指示された「上記初出の明記」に従うことにより，研究倫理上の問題は発生しないことを記しておく．また，本稿掲載の各図表についても，出所として明記した．
2) 村田雅之（2020）「SNS の投稿写真に好意的な反応を返す義務感」（『日本写真芸術学会誌』29（1））13-19頁.
    上記拙稿の一部圧縮，修正を伴う「事実上の転載許可」について，当該学会事務局に申請を行い，2020年4月付にて許諾を得た．指示された「上記初出の明記」に従うことにより，研究倫理上の問題は発生しないことを記しておく．また，本稿掲載の各図表についても，出所として明記した．
3) 山口真一（2018）『炎上とクチコミの経済学』東京：朝日新聞出版.
4) 日本放送協会「突然あなたも被害者に!? "ネットリンチ"の恐怖」クローズアップ現代+（2017年11月13日放送）. https://www.nhk.or.jp/gendai/articles/4062/index.html/（2018年9月6日取得）
5) 笹川喬介・和泉順子（2013）「誹謗中傷問題のインターネットによる影響に関する考察」（『情報処理学会研究報告 電子化知的財産・社会基盤（EIP）』27）1-6頁.
6) 野上達也（2016）「SNS 上における誹謗中傷行為の発生条件に関する研究」（『明治大学危機管理研究センター 2015年度研究最終報告書』）1-10頁.
7) 日本経済新聞「ネット中傷後絶たず 人権侵害1900件」（2018年1月12日付）. https://www.nikkei.com/article/DGXMZO25652460S8A110C1CC1000/（2018年9月6日取得）
8) 日本経済新聞「ネット中傷，歯止めかからず 手口巧妙 司法は削除慎重」（2018年5月8日付）. https://www.nikkei.com/article/DGKKZO30145690X00C18A5TJQ000/（2018年9月6日取得）
9) 北折充隆（2013）「どうすれば列の横入りをやめさせられるのか？―迷惑行為の抑止策」『迷惑行為はなぜなくならないのか？―「迷惑学」から見た日本社会―』東京：光文社，131-184頁.
10) Sykes, G. M. & Matza, D.（1957），"Techniques of neutralization: A theory of

delinquency," *American Sociological Review*, 22（6）, pp. 664-670.

11）　Matza, D.（1964）, *Delinquency and drift*, New York: John Wiley & Sons.（＝非行理論研究会訳（1986）『漂流する少年―現代の少年非行論―』東京：成文堂）.

12）　荻上チキ・飯田泰之・鈴木謙介（2010）『ダメ情報の見分けかた―メディアと幸福につきあうために』東京：日本放送出版協会，17 頁.

13）　星野周弘・米川茂信・荒木伸怡・沢登俊雄・西村春夫編集代表（1995）「中和の技術」『犯罪・非行事典』東京：大成出版社，134 頁.

14）　岡隆（1994）「フォールス・コンセンサス効果」（古畑和孝編『社会心理学小辞典』東京：有斐閣，209 頁.

15）　Ross, L., Greene, D., & House, P.（1977）, "The 'False consensus effect': An egocentric bias in social perception and attribution processes," *Journal of Experimental Social Psychology*, 13（3）, pp. 279-301.

16）　Mullen, B., Atkins, J. L., Champion, D. S., Edwards, C., Hardy, D., Story, J. E., & Vanderklok, M.（1985）, "The false consensus effect: A meta-analysis of 115 hypothesis tests," *Journal of Experimental Social Psychology*, 21（3）, pp. 262-283.

17）　山田一成（1993）「政治的疎外状況における青年の政治的認知とフォールス・コンセンサス効果」（『社会労働研究』40（1・2））223-288 頁.

18）　日高由香子・山口勤（1997）「内外集団間差異の知覚が内集団での合意性推測に及ぼす影響」（『実験社会心理学研究』37（2））165-176 頁.

19）　田村美恵（2014）「競争的・非競争的な集団間関係と自己もしくは内集団他者の手がかり情報が合意性推定に及ぼす影響」（『社会心理学研究』29（3））146-156 頁.

20）　堀田美保（1996）「『男であること』・『女であること』の有利性に関する内集団・外集団意見分布の推定」（『社会心理学研究』12（2））77-85 頁.

21）　堀田美保（1999）「若者世代・親世代の損得に関する社会意見の推定」（『社会心理学研究』15（1））34-46 頁.

22）　村田雅之（2001）「ビジネス実務教育への『フォールス・コンセンサス』論の導入」（『ビジネス実務論集』（日本ビジネス実務学会）19）31-39 頁.

23）　若尾良徳（2006）「女子短大生にみられる性体験率の過大視とマス・メディア接触による影響」（『和洋女子大学紀要（人文系編）』46）71-82 頁.

24）　吉武久美・吉田俊和（2011）「社会的迷惑行為と向社会的行動における合意性推定」（『応用心理学研究』37）1-10 頁.

25）　吉武久美（2013）「ドライバーの交通ルールやマナーに対する意識が合意性推定に及ぼす影響」（東海心理学会編集委員会編『東海心理学研究』7）32-39 頁.

26）　和田正人（2002）「インターネットを用いた教育におけるフォールス・コンセンサス効果についての研究」（『東京学芸大学教育学部附属教育実践総合センター研究紀要』26）189-198 頁.

27) 鎌倉哲史 (2014)「インターネット上のプロフィール公開率推定における合意性バイアス—小・中・高・大学生を対象とした質問紙調査結果から—」(『日本心理学会第 78 回大会発表論文集』) 269 頁.

28) 村田雅之 (2018)「ネット上の行動についての意見分布の推測」(『情報社会学会誌』13 (1)) 5–17 頁.

29) 北折充隆 (2017)「社会的迷惑とは何か」『ルールを守る心—逸脱と迷惑の社会心理学—』東京：サイエンス社, 1–39 頁.

30) 田中辰雄・山口真一 (2016)『ネット炎上の研究—誰があおり，どう対処するのか』東京：勁草書房.

31) 村田雅之 (2018) 前掲.

32) 村田雅之 (2017) 前掲, 18 頁.

33) 村田雅之 (2017) 前掲, 19 頁.

34) 村田雅之 (2017) 前掲, 20 頁.

35) 村田雅之 (2017) 前掲, 21 頁.

36) 村田雅之 (2018) 前掲, 15–16 頁.

37) 日本経済新聞「『インスタ映え』『忖度』流行語年間大賞が決定」(2017 年 12 月 1 日付). https://www.nikkei.com/article/DGXMZO24153230R01C17A2CR8000/ (2020 年 2 月 10 日取得).

38) 山口真一・佐相宏明・青木志保子 (2019)「『インスタ映え (SNS 映え)』の経済効果に関する実証分析」(『GLOCOM Discussion Paper Series 19-001』 http://www.glocom.ac.jp/wp-content/uploads/2019/04/GLOCOM_DISCUSSIONPAPER_No.13_2019-001.pdf (2020 年 2 月 9 日取得)).

39) 加藤千枝 (2013)「『SNS 疲れ』に繋がるネガティブ経験の実態—高校生 15 名への面接結果に基づいて—」(『社会情報学』2) 31–43 頁.

40) 中尾陽子 (2017)「『SNS 疲れ』につながるネガティブ経験の実態—大学生への面接結果および高校生の実態との比較検討から—」(『人間関係研究 (南山大学人間関係研究センター紀要)』16) 53–68 頁.

41) 松尾太加志, (2017)「制約の解放からみたメディアコミュニケーションの変遷—ソーシャルメディア離れの調査も含めた議論—」(『北九州市立大学文学部紀要 (人間関係学科)』24) 33–61 頁.

42) 岡本卓也 (2017)「SNS ストレス尺度の作成と SNS 利用動機の違いによる SNS ストレス」(『信州大学人文科学論集』4) 113–131 頁.

43) 中山満子 (2018)「高校生の友人関係と SNS 利用に伴うネガティブ経験」(『科学・技術研究』7 (2)) 127–132 頁.

44) 正木大貴 (2018)「承認欲求についての心理学的考察—現代の若者と SNS との関連から—」(『現代社会研究科論集 (京都女子大学大学院現代社会研究科紀要)』12) 25–44 頁.

45) 加納寛子 (2019)「承認欲求とソーシャルメディア使用傾向の関連性」(『情報

教育』1) 18-23 頁.

46)　都筑学・宮崎伸一・村井剛・早川みどり・飯村周平（2019）「大学生における SNS 利用とその心理に関する研究―LINE, Twitter, Instagram, Facebook の比較を通じて―」（『中央大学保健体育研究所紀要』37）7-33 頁.

47)　マイナビ学生の窓口「42.2％の女子大生が『いいね同盟』の存在を実感！ いいね返しが義務に ?!」（2017 年 6 月 5 日付）. https://gakumado.mynavi.jp/gmd/articles/50241（2020 年 2 月 9 日取得）.

48)　マイナビ学生の窓口「本心は思ってなくても SNS 投稿に『いいね』，大学生の 6 割が経験」（2018 年 3 月 1 日付）. https://gakumado.mynavi.jp/gmd/articles/52725 （2020 年 2 月 9 日取得）.

49)　WIRED「その『いいね！』に意味はあるのか？ SNS の『義務的な反応』に見るコミュニケーションの本質」（2018 年 9 月 30 日付）https://wired.jp/2018/09/30/group-text-reactions/（2020 年 2 月 9 日取得）.

50)　高木修（1994）「返報性」古畑和孝編『社会心理学小辞典』東京：有斐閣, 219 頁.

51)　総務省情報通信政策研究所『平成 30 年度情報通信メディアの利用時間と情報行動に関する調査報告書』https://www.soumu.go.jp/main_content/000644168.pdf（2020 年 2 月 11 日取得）.

52)　総務省情報通信政策研究所 前掲, 24 頁.

53)　村田雅之（2020）前掲, 15 頁.

54)　村田雅之（2020）前掲, 15 頁.

55)　村田雅之（2020）前掲, 16 頁.

56)　村田雅之（2020）前掲, 16 頁.

57)　総務省情報通信政策研究所 前掲, 24 頁.

58)　村田雅之（2020）前掲, 17 頁.

59)　村田雅之（2020）前掲, 17 頁.

60)　村田雅之（2018）前掲, 15-16 頁.

61)　田中辰雄・浜屋敏（2019）『ネットは社会を分断しない』（角川新書）東京：KADOKAWA.

62)　朝日新聞「（争論）ネットが社会を分断？」（2020 年 3 月 3 日付朝刊）.

第3章

デジタル時代のコミュニケーション
── リモート・コミュニケーションの
コミュニケーション効率への考察 ──

桐 谷 恵 介

は じ め に

コロナ禍によるリモート・コミュニケーションの強制的発生

　新型コロナウイルスが拡大を続ける現在（2020年5月），三密（密閉，密集，密接）禁止により，企業内の会議はもとより，企業社屋に出社すること，途中の満員電車などを極力避ける意識の元，社会の要請として，出社，登校の禁止，リモートワークや在宅勤務の"強い"要請が行われている．

　これにより，会議のために出張する，ということなどもほぼ無くなり，それによる仕事のための人の移動の需要減により，列車や航空機による移動需要も激減しているのである．

　我々の社会では，数か月前には想像もしなかった，このような事態が急激にやってきており，リモートワークや在宅勤務は，以前の「トレンド」の域にはなくなってきている．もはや"当たり前のこと"として会社からの業務命令により，在宅勤務を強いられる「強制リモートワーカー」が出てきているのが現状である．

企業だけではなく，学校もしかりである．ほとんどの学校が休学状態になり，授業開始が遅れている状況である．その授業開始にしても，私立と公立によっても事情は違うようだが，オンライン授業を模索，あるいは実施している．（特に公立の小中学高校はその IT インフラの整備の遅れから，早期のオンライン授業の実施はほぼ絶望的であるが.）

大学は公立私立とも早急にオンライン授業の開始準備を行っているが IT インフラの整備は何とか間に合うとしても，実施にあたっては教員側も学生側もリテラシーがついていかないという側面もあり，おそるおそるであるが，実施しなければならない，という状態になっている．

突如多くの人がリモート・コミュニケーションをデジタルで行う社会に

このように突如として，我々の社会はリモートワークを"強制"され，そのリモートワークの基本となるのが IT 機器を使ったデジタルなリモート・コミュニケーションとなってしまったのである．

ほんの数か月前までは，リモート・コミュニケーションといっても，仕事ではeメールや一部のテレビ電話，テレビ会議レベルであり，多くの人はリモート・コミュニケーションに接する機会は，LINE などのプライベート活動を除けば極めて少なかったといえる．

どちらかと言えば，東日本大震災以来言われている人と人とのつながりである"絆"という言葉が企業活動面でも重要視され，リアルに人と人とがつながり，つまり近い距離でコミュニケーションすることが重要視されており，テレビ会議などのリモート・コミュニケーションを行う事は顧客に失礼にあたる，などの認識が共有されていたはずなのである．これまでは，テレビ会議は突発的な異常事態に活用されていたと言っても過言ではない．

それが，国が緊急事態宣言を発出する事態になり，突如，一斉にリモートでの仕事を"強制"され，結果として多くの人がリモート・コミュニケーションを行わざるを得ないことになったのである．それも最新のデジタル機器を使ったリモート・コミュニケーションとして．これにより，少なくない

数の日本人が戸惑いと混乱を抱えているのである.

本論での考察

　このように突如として我々の社会に訪れたリモート・コミュニケーションの時代を考証し，その実施にあたっての問題と有効性について考察する.

1. リモート・コミュニケーションの種類と特性

　我々が行わざるを得なくなったリモート・コミュニケーションの種類や，その実現ツールについて考証する.

1-1. ビジネスチャット

　ビジネスチャットとは，主に業務連絡・ビジネス上のコミュニケーションのための利用が想定されたチャット用のツールやサービスの通称である.

　ビジネスチャットは基本的には複数名が参加するグループチャットの形式を取る.複数名でリアルタイムに情報を共有しつつ指示できる手段として使える.ツールとしてはSlack，ChatWork，WowTalk，LINEなど多くのツールが提供されている.

　チャットのメリットは，直接話すことと比べた場合，「テキストとして残るため，後から確認できること」「相手が席にいなくても，自分のタイミングで発言できること」などがある.

　メールと比べた場合，「短い文章を手早く送付できること」「グループでのコミュニケーションがしやすいこと」などの特長があるが，テキストコミュニケーションも気軽に送れるために言葉たらずになり，言ってることがわからなかったり，ちょっとしたことでもすぐの返答を期待されたり，グループでのコミュニケーションとして皆に伝わるようにと配慮した発言ができておらず，発言を受ける側にとっては意味がわからないことがある.

オフィスであれば,直接話すこともあるため,チャット以外のコミュニケーションを活用して補完できるが,リモートワークのチャットだけでは補完できないと言える.

1-2.「Web 会議」と「テレビ会議」の違いとは

今回の事態で,一番ハイライトされたリモート・コミュニケーション手段は,PCやタブレット端末を使った,オンラインで映像による双方向のリモート・コミュニケーションである.

オンラインで映像を使いながらリモート・コミュニケーションを行うツールとしてWeb会議システムとテレビ会議システムがある.

テレビ会議はビデオ会議とも呼ばれ,かつては専用の機器を会議室に設置し専用回線を用いて接続するタイプのものが主流であった.これがリアルタイムにオンラインでコミュニケーションを行う「テレビ会議(ビデオ会議)」システムと呼ばれるものであった.

しかし近年は,スマートデバイスの普及やインターネット環境の整備などに伴い,パソコンやスマートフォン・タブレット端末を用いてインターネット経由で接続する「Web会議」システムが主流となっている.表1に「Web会議」と「テレビ会議」,その違いを整理した.

このような,リモート・コミュニケーション・ツールを使い,在宅などのリモートワークとして,多くの人々がリモート・コミュニケーションを行うことになったのである.

表1　Web 会議とテレビ会議の比較

	Web 会議システム	テレビ会議システム
導入時の作業	専用機器不要 ・インターネットに接続できる端末と簡易的なカメラ・マイクスピーカーを準備するだけですぐに利用可能	専用機器が必要 ・会議室への機器の設置，工事などを行う必要がある
費用	安価 ・専用機器を必要としないので安価にスタートできる ・クラウド型のサービスなのでランニングコストも安価に抑えられる	高価 ・専用機器が非常に高額 ・保守費用も高額なケースが多い
利用場所	場所を選ばず，どこからでも利用可能 ・会議室だけでなく自席からでも接続できる ・スマートフォン／タブレット端末からも接続ができるので出先や移動中も会議に参加可能	専用機器が設置してある会議室でしか利用できない ・その会議室が埋まっていればテレビ会議を行うことができない
利用シーン （拡張性）	会議以外の様々な用途で利用可能 ・研修や朝礼などの配信テレワーク ・遠隔商談や遠隔相談窓口 ・建設，製造現場との遠隔支援ツール	主に会議用途に限られる ・専用機が設定してある会議室でしか利用できないので，利用方法は会議用途に限定される
機能	映像，音声のほかにも，資料共有などの便利な機能が標準装備 ・パソコンベースで利用するので，資料のリアルタイム編集や動画配信など多彩な機能が搭載されている	基本的には映像・音声のやり取りのみ ・画質のきれいさなどに重きを置いているため，機能面は最低限の機能のみ
外部との接続	インターネットに接続できる環境さえあれば外部のメンバーとも接続が可能 ・ワンタイムの招待機能などもあり，社内だけでなく社外の方とも利用可能	相手側にも専用端末がないと接続できない ・利用する相手／拠点が限定的になる
メンテナンス	常に新バージョンを利用可能 ・ソフトウェアなので劣化しない ・月額，もしくは保守内でバージョンアップできる	故障のリスクがあり，修理にも時間がかかる ・機器が古くなると故障などが発生する ・修理や交換に高額な費用がかかる

出所：筆者作成

2. リモート・コミュニケーションのツール観点での効用と問題

リモート・コミュニケーション・ツールのメリット，デメリットに関して一般的に言われていることを以下に整理した.

2-1. ビジネスチャットの効用と問題点

表2　ビジネスチャットのメリットとデメリット

	ビジネスチャット
メリット	①メールや電話よりも気軽で簡単 メール特有の「お世話になっております」「お疲れ様です」のような文面を書く必要もなく，会話をするように投稿できるのが最大のメリット．また，場所や時間を選ばないことから，リアルタイムでのコミュニケーションも可能になり，スピーディーな連絡や情報共有が可能である. ②大人数のメンバーと同時にコミュニケーションが可能 一度の投稿でメンバー全員へ連絡できるため，伝達漏れを防ぐ効果があり，メールと異なり同時にコミュニケーションを取ることが可能．また，グループ内のメンバーとはリアルタイムでやり取りが可能なため，同じ場所にいなくとも，メンバー全員での議論や共有がしやすい. ③情報共有が簡単 テキストメッセージだけでなく，ファイルや動画なども簡単に送信できるので，様々な情報を簡単に共有することが可能．また，気軽に投稿できる分，ちょっとした共有も気兼ねなくできるので，活発な情報共有が期待できる.
デメリット	①大事な情報が流れていってしまう コミュニケーション量が多くなると，過去の発言はどんどん流れていってしまう．そのため，重要な情報がある場合には，どこかにメモをしたりピン留めをしておかないと見逃してしまったり，後から探すのが大変になってしまう．また，仕事のやり取りの途中で，プライベートのやり取りが入ってしまう可能性もあるので，やり取りの履歴を遡りにくかったり，どこで何の話題をしたのかがわからなくなってしまいがち. ②余計なコミュニケーション量が多くなる 気軽にコミュニケーションが取れるため，コミュニケーションの量が多くなる傾向がある．コミュニケーション量が多くなることは良い反面，余計な投稿や業務に関係ない投稿も増えてしまう. ③通知や既読機能の影響で作業に集中できない 常にチャットで情報共有がされると都度通知が来てしまったり，既読マークが付いてしまうとすぐに返信しなければと考えてしまうため，どうしても1つ作業に集中できなくなってしまいがち.

2-2. Web 会議の効用と問題点

表3　Web 会議の効用

	通常の会議	Web 会議
メリット	・相手の表情や態度で理解度や納得具合を察知しやすく，会議を円滑に進めやすい ・顔を突き合わせて話すので，信頼性が増しやすい	・場所を問わず開催できるので，時間を効率的に使うことができる．また柔軟な働き方が可能となる． ・移動の時間，費用を削減できる ・遠距離に居る相手とも気軽にコミュニケーションが取れる ・会議室や配布資料の準備が不要
デメリット	・参加者全員のスケジュール調整や，会議室の確保が困難な場合がある ・遠方からの参加の場合，移動に時間とコストがかかる	・通信環境によって音声・映像にトラブルが生じ会議の進行を妨げる可能性がある ・1カ所に集まる場合に比べて，雰囲気などを読み取りにくい

2-3. リモート・コミュニケーション・ツールでの問題点のまとめ

このように，リモートワークの前提となるリモート・コミュニケーション・ツールへのデメリット認識から，以下のような問題点が指摘される．

図1　リモート・コミュニケーションの問題

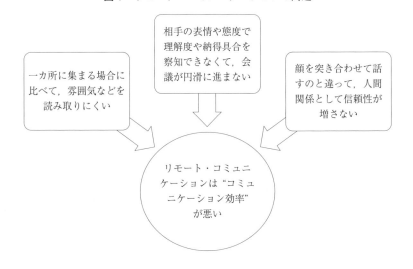

3. リモート・コミュニケーションにおける低効率問題

リモート・コミュニケーションにおける，コミュニケーションの低効率問題を以下に整理した．

3-1. 非言語コミュニケーションの不足による低効率

メラビアンの法則[1] に言われる通り，人は他者とのコミュニケーションで，言語・聴覚・視覚の３つの情報から相手の意図を判断している．そしてその情報が相手に与える影響は，言語から7％，声のトーンなど聴覚から38％，そして顔の表情やしぐさなど視覚から55％であると言われている．

特に自宅からオンライン会議に参加する場合など，部屋の様子（プライベート空間）を，公の場に晒したくないために，ビデオチャットから画像をオフにして音声だけで済ませると，印象の半分以上を決定する要素が無くなってしまう．これを避けるために，ビデオチャットをすることが，強制力のないマナーレベルであることが促進されている．

3-2. 情報の共有ができないことでの低効率

リモートワークではワーカーとクライアント，あるいは同僚や上司等，コワーカー同士の対話の機会が限られている．オフィスでリアルな空間を共有している状態と比べると，情報量は相当に制限された状態になっている．個々のワーカーが抱えている事情やリアルタイムで変化していく仕事の背景などは，「同室で耳に挟む」ようには分からない．

3-3. 関わりが希薄になりすぎることでの低効率

リモートワークではチャットツール等の利用で，一人が数百人へ一斉指示を行うことが可能である．中には，十数名のスタッフが千人近くを相手に仕事を進めていく例もある．リモートからの講義，授業などもこのケースに当

たる.

　このような状況では，スタッフがワーカー個々人と関われる時間そのもの
は短く，関わりが希薄になるリスクが容易に生じる．お互いに相手のことが
よくわからないまま，とにかく仕事をこなすだけに精一杯になってしまい，
クライアント側からの指示を機械的に命じるだけの関わりになってしまう．
こうなると，全く意図しないままワーカーを心情的に追い詰めたり，傷つけ
たり，強い孤独感を持たせたりする事態が発生して，ワーカー側からの強い
反発，激しい抵抗を招いて，思わぬトラブルとなる事例が散見される.

3-4. オンライン作業を継続することでの疲労による低効率

　リモートワークのオンラインでの作業は，リアルな空間での作業に比べて
以下のような理由で疲労度が大きく，そのためコミュニケーション効率を落
としてしまうと考えられる.

① 　情報の欠如による疲労

　リモート・コミュニケーションで疲労が起こる理由として挙げられるの
は，ビデオ通話による「情報の欠如」である．前述のとおり，通常，人は言
葉だけでなく，相手の表情や身体の些細な動きから，無意識に情報を集めて
いる．脳は話されている言葉に焦点を当てているが，相手の目線，落ち着
き，呼吸の頻度なども感じ取り，相手の意図を把握している．しかしビデオ
通話では，相手の肩から上しか映らない．画質も粗く遅延も生じがちであ
る．そのため，脳が欲している視覚情報の多くが失われてしまっている.

　つまり，私たちの脳は，限られた情報から多くを得ようとフル活動するた
めに疲れてしまうのである．また，人の対話は「自然な沈黙」を伴うもので
ある．この沈黙も1つの情報となり，自然な会話リズムを生み出す．しか
し，ビデオ通話での沈黙が生じると，「遅延」という不安を生じさせ，自然
な会話を生み出すどころかストレスを与えてしまう.

② 　注意力の分散による疲労

　疲労を生み出す2つ目の理由は，「マルチタスク」による注意力の分散で

ある．ただでさえビデオ通話は視覚による情報が欠如しており，私たちは多くの情報を得ようと必死になる．それが複数人によるビデオ会議ともなると，扱うべき情報量は格段に増加してしまう．

　参加者全員の顔が見えるギャラリー・ビューは，脳の中枢神経を刺激し，一度に多くの人の情報を読み解くことを強制される．その結果，私たちは様々なことに注意を向けるが，どれかに集中することはできず，思考力と作業性が大きく低下する．

　これらのリモートワークによるリモート・コミュニケーションの特性が，コミュニケーションの"効率"に大きな影響を与えている可能性が高いのである．

4. リモート・コミュニケーションの低効率への 対応への考察

　リモートワークによる，リモート・コミュニケーションのステークホルダーの環境が起こす非効率さへの対応は何が考えられるのか？

　これはリモートワークによる，リモート・コミュニケーションを行うステークホルダー間の関係性に大いに影響されると考える．即ち，ステークホルダー間の"信頼感"，"関係性の理解度"というものでリモート・コミュニケーションの効率を上げることができると考える．

4-1. 社会的不確実性への効率化向上

　オンラインにおけるリモート・コミュニケーションの場は，山岸が言う[2]ところの，社会的不確実性の高い状態と定義できる．

　特に面識のないステークホルダーによるオンラインでのコミュニケーションは「相手の意図についての情報が必要とされながら，その情報が不足して

いる状態」であり，オンラインであればこそ「彼我に利害関係があり，不確実性がエスカレートする」状況であり，「相手が利己的に振る舞えば自分がひどい目（含，ストレスを受けること）にあってしまう状況」であるからである．

　体験的には，Web 会議などに代表されるリモート・コミュニケーションは，事前に面識があることが重要であり，その人のバックボーンや人となりを知っていることが，スムーズにコミュニケーションが行えるコツであることが知られている．これは人間関係を築き，ステークホルダー間に信頼関係があるということに他ならない．

　特に「信頼関係」が必要とされるのは社会的不確実性の大きな状況局面であり，換言すれば，「信頼関係」が社会的不確実性の大きな状況で有効に機能し，問題を解決するのに効果的であると言える．それに従えば，オンラインにおけるリモート・コミュニケーションの場においてもステークホルダー間の「信頼関係」が，リモート・コミュニケーションの潤滑油となり，効率の良いコミュニケーションが実現できると言える．

4-2.　"信頼" によりコミュニケーションの効率性を高める

　信頼が政治・経済活動を含む我々の社会関係の潤滑油としてきわめて重要な役割を果たしていることは社会科学の様々な分野で多くの研究者による一貫して主張されている[3]．信頼は，ある種の社会的活動を行う関係者間の関係強化と関係拡張につながり，コミュニケーションの効率性を高めるのである．この効果により，信頼関係構築がリモート・コミュニケーションにおいて，その効率性を高め，コミュニケーションの離齬による要件のギャップへの対処になり得るのである．

　特に，先にも述べたがリモートワーク形態のリモート・コミュニケーションにおいて，FaceToFace なら伝わるはずの「表情」や「感情」，「ニュアンス」などの情報が伝わり難いために，不十分な合意が成されたり，ステークホルダー間の「リレーション」構築が十分でないために発生する認識ギャッ

プに対しても，ステークホルダー間の信頼関係構築により，コミュニケーションの効率性を上げることで，リモートワーク形態のリモート・コミュニケーションのコミュニケーションロスへの対処にも充分な対応が期待されるのである．

4-3. "信頼" により交渉プロセスを効率化する

リモートワーク形態のリモート・コミュニケーションは，オンライン・コミュニケーションによる成果物の作成，および，コミュニケーションを介したそれぞれの知識，要求のギャップの認識とギャップ改善のための調整・妥協を行っている2者間による交渉プロセスと捉えることができる．信頼関係の有無は交渉プロセスにおける「効率性」に影響する[4]．

信頼関係が毀損されると，特定の問題の解決あるいは目的の達成に向けて交渉相手の合意形成を試みる「問題解決型」交渉から，交渉相手と一定の利益を奪い合う「パイの奪い合い型」交渉に移行し，激しい駆け引きが行われるようになり，相手が許容できない極端な条件を提示して動揺を誘ったり，情報を敢えて隠したり，回答までの時間稼ぎをしたりして，合意が遠のくような交渉プロセスが展開され，交渉プロセスの「効率性」が低下する．つまり信頼が無いことは交渉プロセスを低効率化し，問題解決のスピードを損ねるのである．

リモートワーク形態のリモート・コミュニケーションにおいて，ただでさえ情報が伝わり難いところで，不要な駆け引きを行ってますますコミュニケーション効率を損なわないようにするには，信頼関係が有用であるということになる．

5. リモート・コミュニケーションへの今後の対応

　これまでリモート・コミュニケーションの，コミュニケーション効率の低効率という問題について論述してきたが，今後の対応としてコミュニケーション効率を上げるためにはどう振る舞えばよいのか.

5-1. 機器の発達によるコミュニケーション効率向上

　今後，リモート・コミュニケーションに活用するIT機器が発展し高性能化することが予想される．今回のコロナ禍の事態によって，社会全体に半ば強制的なリモートワークが浸透したことにより，その動きにはますます拍車がかかるであろう.

　VR（Virtual Reality：仮想現実）やAR（Augmented Reality：拡張現実），AI（Artificial Intelligence：人工知能）の技術も大いにリモート・コミュニケーションの機器の発展に貢献していくこととなる.

　非言語情報の伝達（3Dイメージの共有，多人数同士のコミュニケーションの情報の把握，論点が複雑になる場合のニュアンスなど），高い臨場感が期待できるVR会議の実用化も遠くないはずである．リモートにおいて，視覚・聴覚・嗅覚・触覚・味覚までカバーできる機器も登場しつつある.

　IT機器の発展により，リモート・コミュニケーションのコミュニケーション効率が向上し，リモート・コミュニケーションが，リアル・コミュニケーションのコミュニケーション効率と遜色なくなっていくことが期待できる.

5-2. ステークホルダー間の関係作りによるコミュニケーション効率向上

　IT機器の発展には期待を大いにしているが，現実化されるまでの間の対応が必要である．また，開発された機器が実用化されるまでは，大きな時間とコストがかかることが予想される．そのため，コミュニケーション効率の高い機器が一般に浸透するにはかなりの時間がかかると想定する.

　このコロナ禍の事態で，我々は“働き方”を社会全体で変えることになるであろうから，直ぐにも対応を行っていかなければならない．これまで論述したとおり，我々はリモートワークを基準としたリモート・コミュニケーションの実施にあたり，ステークホルダー間の人間関係を整備することで，コミュニケーション効率を上げ，効率的にリモートワークを進めていくべきなのである．これは機器の発展により，リモート・コミュニケーションのコミュニケーション効率が上がったとしても，行うべきことと考える．

　即ち，リモート・コミュニケーションを行うステークホルダーのバックボーンや人となりが理解できるような人間関係を積極的に意識的に構築し，信頼関係を結んでおくことが肝要である．

　また，リモートワークでは積極的に自分から情報発信を行わない限り，コワーカー同士の情報の共有ができなくなる．ワーカーが意識して発信する必要があると言える．

　これらの対応から見えてくるのは，ギュッと詰まった情報の相互発信と，ワーカーの人間性尊重の姿勢である．リモート環境での効率化や利便性を図るためには，個々のワーカーとの関わりに制限が生じるのはやむを得ないことであるが，ワーカー側も自身の置かれている状況を短く濃密に伝えて，良い関係を作っていける方が望ましい．

　質の高いコミュニケーションは相互理解を生み，人脈づくりを助ける効果があるのは自明である．顔が見えないからこそ，言葉で信頼関係を作ることの意義は大きいかもしれない．

おわりに

　リモートワークが常態化した場合に，リモート・コミュニケーションは必須となり，そのコミュニケーション効率の向上は社会全体の生産性に関わってくる．

　そのリモート・コミュニケーションの効率化のために，個々の信頼関係を意識し，作り上げようとする新しい社会は，これまでの人と人との距離の近いこと，結びつきの強いことの"絆"ではなく，新しい"絆"のある社会を築く契機となるかもしれない．

1)　ビジネス心理学：メラビアンの法則とは　https://biz-shinri.com/dictionary/the-rule-of-mehrabian
2)　山岸俊男，渡部幹，林直保子，高橋伸幸，山岸みどり（1996）「社会的不確実性のもとでの信頼とコミットメント」（『社会心理学研究』第 11 巻第 3 号）206－216 頁．
3)　岩本隆志（2013）「システム開発上流工程作業におけるあいまいさについての一考察」（『日本生産管理学会論文誌』Vol. 19, No. 2）2013. 3.
4)　杉田一真（2012）「交渉相手との信頼関係構築」（嘉悦大学研究論集第 55 巻第 1 号）

参 考 文 献

岩本隆志（2013）「システム開発上流工程作業におけるあいまいさについての一考察」（『日本生産管理学会論文誌』Vol. 19, No. 2）2013. 3.

杉田一真（2012）「交渉相手との信頼関係構築」（嘉悦大学研究論集第 55 巻第 1 号）

山岸俊男，渡部幹，林直保子，高橋伸幸，山岸みどり（1996）「社会的不確実性のもとでの信頼とコミットメント」（『社会心理学研究』第 11 巻第 3 号）206－216 頁．

ビジネス心理学：メラビアンの法則とは　https://biz-shinri.com/dictionary/the-rule-of-mehrabian

第4章

デジタル時代のシニア起業における
モチベーションと活用可能なスキルについて

平井　　均

は じ め に

　日本では，出生率低下による人口減少と高齢化が同時進行し，「超高齢社会」に突入している．厚生労働省が2020年6月に発表した人口動態統計によれば，2019年に生まれた子どもの数（出生数）は86万5,234人で，1人の女性が生涯に産む子どもの数にあたる合計特殊出生率は1.36となり，4年連続で低下した．また，内閣府（2020）が公表した「令和2年版高齢社会白書」によれば，日本の総人口は，2019年10月1日現在，1億2,617万人で，65歳以上人口は，3,589万人となり，総人口に占める割合（高齢化率）は28.4％となった．そして，IMF（国際通貨基金）（2020）は，2019年の日本の年次GDP成長率（前年比）を0.7％と公表している．一方，企業を取り巻く環境は厳しさを増しており，Volatility（変動性），Uncertainty（不確実性），Complexity（複雑性），Ambiguity（曖昧性）の多いVUCAの時代が到来している．さらに，AI，ビッグデータ，IoT，ブロックチェーンなど，第4次産業革命によるデジタル時代の到来により産業構造が急速に変化している．このような状況の中，革新的な製品やサービスを提供しスタートアップしようと

する起業家（Entrepreneur）や新規事業を創出しようとする企業内起業家（Intrapreneur）は増加している．そして，人生100年時代に向けて，企業などに所属していた中高年の会社員や定年前後のシニア世代が起業する比率は増加傾向にある．特に，デジタル技術を活用して新しい製品やサービスを提供したり，ソーシャルネットワーク等による広範囲で迅速なコミュニケーションを実現させて，起業活動自体の効率化を図り，成功確率を高めたりしているシニア起業家も存在している．

　そこで，デジタル時代のシニア世代の起業のモチベーションと起業の成功確率を向上させるために必要なスキルに関して研究することは高齢社会における持続可能な成長のために重要であると考えた．シニアの起業やアントレプレナーシップに関する研究は海外ではある程度なされているが，最も高齢化が進み，緊急性が高い日本においての研究は少ない．本章では，アンケートやシニア起業家へのインタビューなどから，シニア世代のスタートアップに関するモチベーションや起業活動に活用可能なシニアのスキルについて考察する．

1. シニア起業の状況とシニアの認知機能の変化

1-1. 日本におけるシニア起業の状況

　中小企業庁（2014）「中小企業白書」によれば，起業希望者及び起業家の全体に対する高齢者比率は，近年，増加傾向にある（図1）．これは，高齢者人口比率が高まり，健康寿命も延び，活動的なシニアの増加に起因すると考えられる．しかし，日本政策金融公庫総合研究所（2012）の調査結果では，シニア世代（55歳以上）の開業後の採算状況や予想月商達成率は，若い世代に比べて悪く，シニア起業の経済面から見た成功率は低い（図2）．

図1　起業希望者及び起業家の年齢別構成の推移

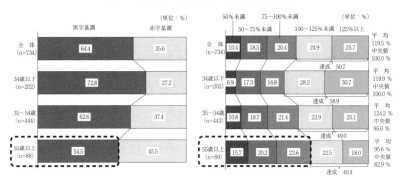

出所：中小企業庁（2014）『2014年度版　中小企業白書』をもとに筆者加筆

図2　開業後の採算状況と予想月商達成率

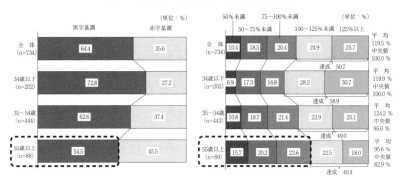

注：予想月商達成率＝（現在の月商÷開業前に予想していた月商）×100
出所：日本政策金融公庫総合研究所（2012）『シニア起業家の開業― 2012年度「新規開業実態調査」から―』をもとに筆者加筆

1-2. シニアの4類型

　日本SPセンター（2020）では，高齢者を介護認定されている「ケア・シニア」，介護予備軍の「ギャップ・シニア」，就労していない健常者の「ディフェンシブ・シニア」，就労している健常者の「アクティブ・シニア」の4つに分類し，65歳以上の「アクティブ・シニア」は，2020年には高齢者全体の約25％にあたる889万人と推計している（図3）．しかし，高齢者の

図3 シニアの4類型と2020年時点での類型別人口（2017年推計値）

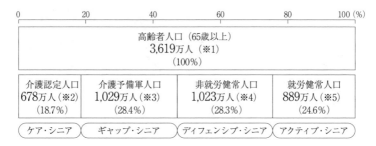

注：※1 平成29年推計「日本の将来推計人口」（国立社会保障・人口問題
研究所）
※2 要支援・要介護人口651.2万人（平成30年7月発表「介護保険事
業状況報告」）
変化率1.02と仮定の上，2年間分を二乗して2020年の要支援・
要介護人口を推計
※3 高齢者総人口から介護等認定人口を減じたものの35%と推計
ギャップ・シニアとほぼ同様の概念である「メザインシニア」（み
ずほ銀行）がその人口規模30～40%と推定されている（同行）
ことから，中央値の35%を指標として採用
※4 高齢者総人口から介護認定人口・介護予備軍人口・就労人口を減
じた値
※5 高齢者就業者数807万人（平成29年推計「日本の将来推計人口」
（国立社会保障・人口問題研究所）
就業率増加率を年率約1.04%として，2020年就業者率を24.5%と
算定
2020年の推計高齢者人口に乗じて算出

出所：日本SPセンター（2020）「シニア世代の全体像」

50%以上が健常であるにもかかわらず，就労している高齢者はその約46%
に留まっている．就労していない多くの高齢者も，ビジネスに関する知恵や
ノウハウを持っていると予想される．今後，活力ある超高齢社会を実現する
ためには，多くの高齢者ができるだけ長く自立して生活し，知識や経験を活
かして，積極的に社会活動に参加すべきである．

1-3. 加齢に伴う認知機能の変化

　加齢とともに筋力や持久力などの身体機能は低下するが，認知機能は個人
差があるものの，低下しやすいものと低下しにくいものがある．Horn &

Cattell（1967）は，認知機能を，環境に適応するために新しい情報を獲得したり処理していく知能である直感力や法則を発見する能力，計算能力，図形処理能力，処理のスピード，過去のエピソードに関する記憶力などの流動性能力と，長年にわたる経験，教育や学習などから獲得していく知能である言語能力や理解力，洞察力，内省力，コミュニケーション力，判断力などの結晶性能力に分類した．彼らは，流動性能力は10歳から30歳で急速に発達し，30歳以降は低下するが，結晶性能力は老化に対して長く持続し，徐々に発達することさえあり，流動性能力は低下しやすいが，結晶性能力は加齢の影響を受けにくいとしている（図4）．

　医療技術の発達により，日本人の健康寿命は着実に延びており，心身ともに健康な高齢者は多い．労働力人口の減少を食い止めるために，女性活躍や外国人労働者の受け入れ促進に加え，シニアの経済活動への参加を推進することは有効である．退職後も社会貢献への意識が高く，専門性やスキルを

図 4　認知機能の加齢変化

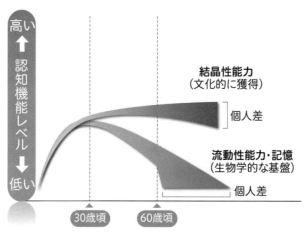

出所：柄澤昭秀（1981）『老人のボケの臨床』医学書院．東京都健康長寿医療センター研究所（2013）『シニアのグループ活動応援ガイドライン』（原著：Horn, J. L. and Cattell, R. B.（1967），Age differences in fluid and crystallized intelligence, *Acta Psychologica*, Volume 26, 1967, pp. 107–129）

持っている高齢者は多い．そこで，高齢者が結晶性能力を発揮して役割を担うことは，経済的な影響だけでなく，社会に貢献しているという意識から「価値観」や「いきがい」を感じ，健康寿命の延伸や心の健康状態の長期化にもつながる．

2. 年齢と起業に関する先行研究

スタートアップ（起業）に対する年齢とモチベーションの関係について，Lévesque ら（2006）は，起業家として従事する確率に対する年齢の影響が「逆 U 字カーブ」に従うことを発表している．つまり，個人が起業家になる確率は，年齢とともに特定のポイント（通常 35 ～ 44 歳）まで増加し，その後減少すると述べている．20 代や 30 代の若手の起業に比べて，高齢になってからの起業では事業に取り組める時間は必然的に短くなるため，起業年齢が高くなればなるほどリスクが高くなり，事業に失敗した時に取り戻せる可能性も低くなると考えられる．

一方，シニア世代の起業のアドバンテージも考えられる．若年層の起業では意欲とアイデアのみで，充分な社会経験や知識がないままチャレンジして，失敗する場合も多い．しかし，高齢者の中には，それまでに蓄積された経済的な資産に加え，専門知識やビジネスノウハウ，人的ネットワークなどの無形資産を蓄積しているシニアも多く存在する．そこで，心身ともに健康で起業モチベーションが高いシニアが，これらのリソースを活用することで，若年層以上に起業の成功確率が高まる可能性がある．

Azoulay ら（2018）が，米国国勢調査局で機密管理されているデータを活用し，米国で最近数年間に起業した創業者全員の年齢を分析した論文 "Research：The Average Age of a Successful Startup Founder Is 45" によれば，「起業家の創業時の平均年齢は 41.9 歳」であり，「創業から 5 年間の成長率で上位 0.1％に入るスタートアップの場合，創業者の創業時の年齢は平均 45

図5　米国における創業者の年齢層別構成

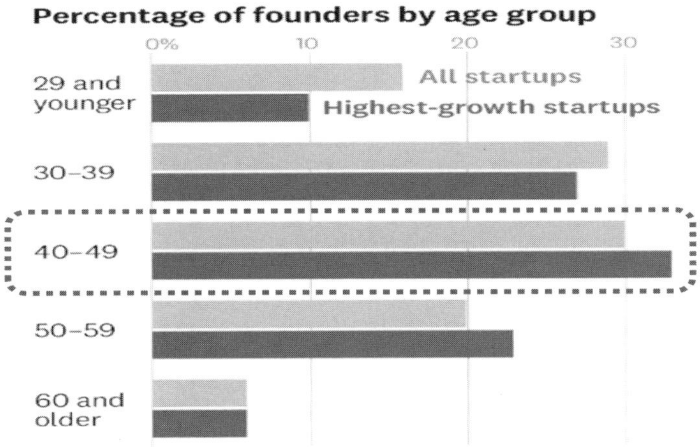

Percentage of founders by age group

注：（上段）起業全体（下段）「成長が著しい」新興企業（上位 0.1％）
出所：Azoulay P. et al.(2018), Research: The Average Age of a Successful Startup
　　　Founder Is 45. *Harvard Business Review*. July 11, 2018（原典：Azoulay, P.
　　　et al.(2018), Age and High-Growth Entrepreneurship, NBER, No. 24489, April
　　　2018).

　歳だった」ことが判明した（図5）．これらの「最も成長した」企業は，従業員数の増加に基づいて特定している．また，売上高の成長速度が最も速い企業や新規株式公開（IPO），事業売却でエグジットに成功したスタートアップも，創業者の年齢は同様に高かったとのことである．また，最も成長した企業の創業者の大半を中年層以上が占めており，50代後半で頂点に達している（図6）．彼らは，この一因として，中高年には起業志向があり，実務経験が決定的な役割を果たしていると述べている．つまり，米国においては，シニア，あるいはシニアに近い中年層は，起業モチベーションが高く，実務経験というリソースが蓄積されているため，起業の成功確率が高くなると考えられる．

　共同執筆者である Jones（2018）が，米国の San Antonio Express News と Houston Chronicle で発表した報告記事では，米国における創業者の年齢と起業の総数（頻度）は，Lévesque ら（2006）が発表した，年齢と起業モチベーションの関係と同様に，「逆U字カーブ」となっている（図7 (a)）．し

88

図6　米国における創業時年齢別の成功の可能性の変化

出所：Azoulay, P. et al. (2018), Research: The Average Age
of a Successful Startup Founder Is 45. *Harvard
Business Review*. July 11, 2018（原典：Azoulay, P. et
al. (2018), Age and High-Growth Entrepreneurship,
NBER, No. 24489, April 2018）.

図7　創業者の年齢別 (a)起業頻度と (b)「成長が著しい」新興企業の頻度

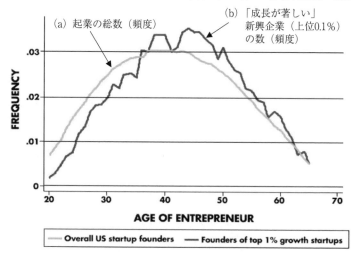

出所：Jones, B. (2018), Best Age To Start A Company: Age of Entrepreneurship,
San Antonio Express News and Houston Chronicle をもとに筆者加筆

かし，「成長が著しい」企業（新興企業の上位 0.1%）の創設者の多くは，40 歳以上となっている（図 7（b））．これは，ベンチャーを立ち上げる人は若者が多く，成功する起業家のほとんどは若い，と一般に信じられていた考えが覆された結果となった．

3.　シニア起業に関するリサーチクエスチョンと仮説

　日本におけるシニア起業の状況や加齢による認知機能の変化，米国における創業者の年齢層別構成，創業時年齢別の成功の可能性の変化に関する先行研究などから，シニア起業のモチベーションと活用可能なスキルについて，以下のリサーチクエスチョンを設定した．

　リサーチクエスチョン 1：日本のシニア世代の起業に対するモチベーションは，「逆 U 字カーブ」で述べられているように，加齢とともに低下してゆくか．

　リサーチクエスチョン 2：シニアが起業活動を行う際に，それまで社会人として培ってきた知識や経験を活かせないか．

　社会に貢献したいという強い意欲を持ち，豊富な人的ネットワークやコミュニケーション能力を持っているアクティブ・シニアも多いと考えられる．そこで，シニア世代の起業に対するモチベーションと過去の経験に基づく専門性やスキルの活用の可能性について，以下の仮説を設定し，アンケートやシニア起業家へのインタビューの結果などから考察する．

　仮説 1：シニア世代の起業に対するモチベーションは，加齢により下がるとされた「逆 U 字カーブ」に従うとは言い切れない．

　仮説 2：シニア世代は，社会人としての過去の知識や経験によって培われたコミュニケーション力や判断力等の結晶性能力を活用することでスタートアップ活動に貢献できる．

4. スタートアップに関する意識調査

4-1. スタートアップに関するアンケートの概要

　年齢と起業のモチベーション，起業に関する意識・重視すべき事項・考慮しておくべき事項，事前に準備すべき知識領域・スキルなどを確認するために，20歳代からシニア世代までホワイトカラーを中心とした社会人及び大学院生を主な対象としてスタートアップに関するアンケートを実施した．アンケート対象者は，スタートアップすること自体をリスクと考えているか否かも確認するため，スタートアップ経験の有無を問わず実施した．また，アンケート実施後，数人のスタートアップ経験者に対して，インタビューを実施した．シニア世代を含む社会人や大学生・大学院生などにスタートアップに関するアンケートを実施し，108人から回答を得た（表1，図8）．なお，アンケート実施時期は，2017年8月下旬～9月上旬で，アンケートの配付・回収方法は，主として，eメール（ファイル添付）と調査票（紙）により130名に個別に依頼し，108人（eメールでの回答者：97人，調査票（紙）での回答：11人）から回答（回収率：83％）を得た．アンケートは，回答者の属性情報として，性別，年齢層，スタートアップ経験の有無なども質問し，スタートアップ経験のある人に加え，経験のない人も対象とした．有効回答者108人のうち，スタートアップ経験者は40人で，その比率は約37％であった（図9）．

　スタートアップに関するアンケートでは，起業経験の有無，起業に対する興味・経験，起業の目的，起業にあたって重要視すべき事項などについての質問に回答願った（表2）．

表 1　スタートアップのアンケートの概要

調査対象者	社会人，大学生，大学院生（留学生，社会人大学院生を含む）
有効回答者	108 人（女性：33 人，男性：75 人，50 歳未満：53 人，50 歳以上（シニア）：55 人） 回答率 83%（130 人中 108 人） 社会人：① スタートアップ経験者，企業経営者 　　　　② スタートアップの準備中の社会人 　　　　③ 中央大学大学院総合政策研究科を修了した社会人 　　　　④ 産業技術大学院大学（AIIT）の産業技術研究科を卒業した社会人 　　　　⑤ 新規事業創造やスタートアップの支援を行っている方々：技術士，中小企業診断士，IT コーディネータなどのコンサルタント等 　　　　⑥ 主婦など，現在，無職の方 学　生：① 中央大学大学院総合政策研究科に在学中の大学院生 　　　　② 産業技術大学院大学（AIIT）の産業技術研究科に在学中の大学院生 　　　　③ その他の学部に在学中の大学生，大学院生
調査期間	2017 年 8 月下旬〜9 月上旬
調査方法	Excel シートへの入力（e メールによる依頼），および調査票への記入（インタビューを含む）
質問形式	・選択式（4 点法） 　　質問 B 群，C 群：4. 非常にあてはまる，3. まああてはまる，2. あまりあてはまらない，1. 全くあてはまらない 　　質問 D 群：4. 非常に重要，3. 重要，2. あまり重要ではない，1. まったく重要ではない ・自由記述（D-21：スタートアップの留意事項について）

図 8　アンケートの回答者の性別と年齢層

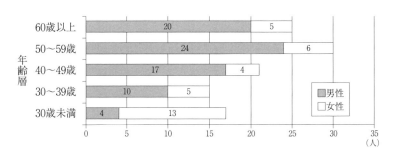

92

図9 アンケートの回答者のスタートアップ経験の有無

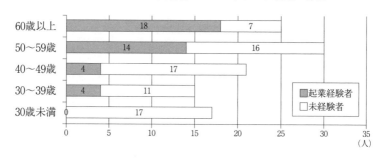

表2 スタートアップに関するアンケートの質問内容

質問A： 起業との関係	あなたは，スタートアップ（起業）に対してどのような方ですか？ 4. 既に起業している（起業家） 3. 具体的に起業を準備中（起業準備者） 2. 起業希望だが準備はしていない 1. 事業を起こしたいと思っている 0. 起業する予定はない
質問B： 起業の意志・経験	B-1 スタートアップ（起業）したいと思ったことはありますか？ B-2 スタートアップ（起業）した経験はありますか？
質問C： 起業の目的	C-1 自分（家族）が経済的に豊かになりたいから C-2 日本経済に貢献したいから C-3 社会に貢献したいから C-4 良いアイデアを思いついたから C-5 自分の実力を試したいから C-6 会社勤めが嫌だから C-7 定年後のセカンドキャリアとしたいから C-8 その他
質問D： 起業で重要視すべき事項	D-1 ビジョン・ミッション D-2 事業戦略・経営戦略 D-3 事業計画 D-4 資金調達 D-5 経済的な価値（売上，利益） D-6 社会的な価値（社会への貢献） D-7 持続的な成長のための価値創造 D-8 営業力 D-9 技術力 D-10 人材確保 D-11 組織力 D-12 ガバナンス・内部統制 D-13 起業した会社の上場や売却の準備（IPO 等） D-14 その他
重要事項（上位3位）	上記の中で最も重要なもの，2番目，3番目に重要なものは？
心配事項（上位3位）	上記の中で最も心配なもの，2番目，3番目に心配なものは？
質問E：留意事項	起業にあたって，留意すべきと考えられる事項は？

4-2.　スタートアップに関するアンケート結果

アンケート結果から，スタートアップの目的，重要事項や心配な事項，留意すべき事項などに関して，年齢・性別との関係について分析した．

アンケート回答者108人の内，これまでにスタートアップしたいと思ったことがある人（4. 非常にあてはまる，又は3. まあまああてはまると回答した人）が69人で，64％となった．年齢層別では，定年退職前の50歳代では，30人中25人（83％）で最も多かった（図10）．

図10　スタートアップしたいと思ったことがある人の年齢層別比較

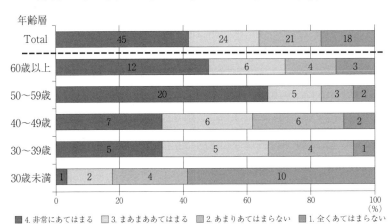

これまでにスタートアップしたいと思ったことがある人たちの中で，スタートアップをしようとした目的で，最も多い回答は，「自分の実力を試したい」が，69人中54人で，78％であった（図11）．また，「社会に貢献したい」という人は47人で，68％で，二番目に多い回答であった．この結果から，スタートアップの目的として，3分の2以上の人が社会へ貢献することを考えていることが分かった．

また，スタートアップの目的の相関係数を求めると，社会への貢献と日本経済への貢献が0.835で，最も強い相関があり，次に，自分の実力を試したいことと社会への貢献が0.824となった（表3）．つまり，日本経済に貢献し

図 11　スタートアップの目的

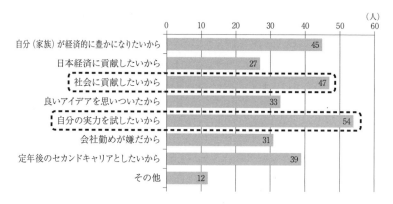

注：n=69

表 3　スタートアップの目的の相関係数

No	スタートアップの目的	1	2	3	4	5	6	7
1	自分（家族）が経済的に豊かになりたいから	1						
2	日本経済に貢献したいから	0.760	1					
3	社会に貢献したいから	0.730	*0.835*	1				
4	良いアイデアを思いついたから	0.734	0.734	0.754	1			
5	自分の実力を試したいから	0.790	0.763	*0.824*	0.776	1		
6	会社勤めが嫌だから	0.788	0.697	0.694	0.708	0.687	1	
7	定年後のセカンドキャリアとしたいから	0.655	0.623	0.712	0.632	0.710	0.658	1

たいと考えている人や自分の実力を試したいと考えている人の多くは，社会に貢献したいとも考えている．したがって，スタートアップにおける社会価値の創出に対する意識は非常に高いと考えられる．

　次に，スタートアップの目的を年齢層別に見てみると，自分の実力を試したい，社会に貢献したい，定年後のセカンドキャリアとしたいなどは，年齢が高くなるほど強くなる傾向があった（図12）．特に，50歳以上のシニア世代は，定年後のセカンドキャリアとしての目的や社会貢献に対する意識は若い世代より高い．

図 12　スタートアップの目的：年齢と共に強くなる傾向のもの

a. 自分の実力を試したい（C-5）

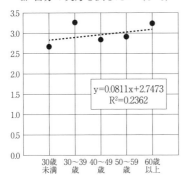

b. 社会に貢献したい（C-3）

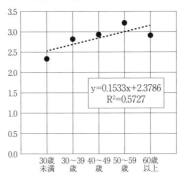

c. 定年後のセカンドキャリアとしたい（C-7）

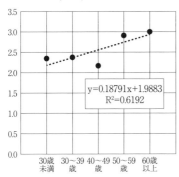

5. 考　　察

5-1.　年齢と起業に対するモチベーション

　アンケートの回答内容を 50 歳未満の比較的若い世代と 50 歳以上のシニア世代とに分類し，起業の目的を集計した（図 13）．シニア世代は，若い世代と同様に，自分の実力を試したいという目的が最も多かったが，若い世代に比べて，社会に貢献したい，定年後のセカンドキャリアにしたいなどの動機も多かった．一方，若い世代では，自分の実力を試したい人は多かったが，

96

他に経済的に豊かになりたい，日本経済に貢献したい，良いアイデアを思いついた，会社勤めが嫌だからなどの動機がシニア世代に比べて多かった．つまり，シニア世代は，若い世代に比べて，社会貢献に対する意識が高く，社会価値を創出する起業へのモチベーションは高いといえる．

図 13　起業の目的

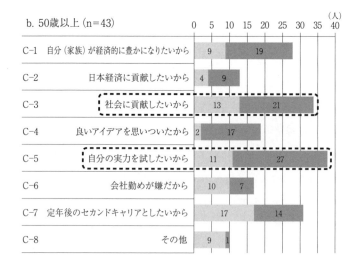

　アンケートの質問「スタートアップ（起業）したいと思ったことはあるか？」の回答を点数化し年齢層別・性別の平均点数を計算しグラフ化した（図14）．この結果によれば，高齢化により起業のモチベーションは低下するとされる「逆U字カーブ」に必ずしも従っていない．特に男性の50歳代では起業に対するモチベーションは高く，60歳代でもそれほど低下していない．そこで，超高齢社会の日本においては，50歳代以上でも起業に対するモチベーションの高さを維持させ，経済活動への参画を継続，あるいは復帰することができるのではないかと考えられる．

　これらにより，シニア世代の起業に対するモチベーションが加齢により低下するとはいえず，特に，社会価値を創出する起業へのモチベーションは高く，「シニア世代の起業に対するモチベーションは，加齢により下がるとされた『逆U字カーブ』に従うとは言い切れない」という仮説1は棄却されないと考えられる．

図14　年齢層別起業に対するモチベーションの度合い

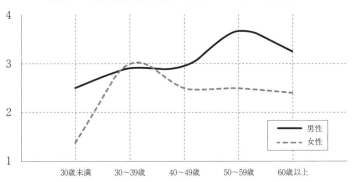

質問「スタートアップ（起業）したいと思ったことはあるか？」の回答を
年齢層別に平均点数を計算
（4：非常にあてはまる，3：まあまああてはまる，2：あまりあてはまらない，1：全くあてはまらない）

　　出所：スタートアップに関するアンケート（2017）の集計結果より作成（n=108，
　　　　　男性：75，女性：33）

5-2. 起業活動において活用可能なシニアのスキル

　シニアスタートアップにおける重要事項や留意すべき点等に関する情報を聞くことを目的として，シニア起業家や起業準備中の方々にヒアリングを行った（表4）.

　シニア起業家らが指摘した起業活動における重要事項や留意事項を表5に記す. 起業活動における重要事項としては，解決しようとする課題や理念に共感できるか（No.1）や，サービスや商品が顧客にとって必要性があるか（No.2）など，対象とするサービスや商品自体の重要性に加え，柔軟に早く対応すること（No.3）や，価格競争に巻き込まれないようにする（No.10），適切なマーケットサイズで勝負する（No.11）などのビジネスの進め方に関する事項も指摘された. 特に，外部とのネットワーク構築（No.4）や顧客から学び続けること（No.9）などの重要性を強調し，AI等のデジタル技術を学び直した人や，Facebook等のソーシャル・ネットワーキング・サービス

表4　ヒアリング対象者（シニア起業家，起業準備者等）一覧

対象者	性別	年齢	居住地	属性（対象ビジネスの概要）	前職
A氏	男性	64歳	東京都	起業家（情報やサービスを毎日提供する放送局を設立し，災害時の緊急情報なども伝えられる放送事業を経営）	自動車メーカー勤務
B氏	男性	62歳	香川県	起業家（農業生産法人 オリーブ農園会社を設立し，健康志向の高級オリーブオイルを製造・販売）	証券会社勤務
C氏	男性	62歳	東京都	起業家（不動産登記情報のビッグデータ分析を行う会社を設立し，日本全国の不動産・商業登記簿謄本をデータベース化し，謄本を迅速に取得し，解析して提供）	銀行勤務
D氏	男性	63歳	埼玉県	起業準備中（外国人向けの語学教育のセミナーに通い，今後の海外からの移住者や旅行者などのインバウンド需要を見込み，知人と共同での起業も視野に入れて準備中. 海外駐在の経験を活かしたい.）	総合商社勤務
E氏	男性	63歳	東京都	社会貢献活動準備中（海外に新設予定の日本人学校の経営幹部として赴任予定で，学校経営に関するスキルを習得中. 今後は社会貢献に重心を移す.）	総合商社勤務
F氏	男性	53歳	神奈川県	起業家（訪問介護ステーションのフランチャイズの本部を経営しつつ，安価な老人ホームの設立・展開中. 国の施策を活用してCSVを実現している.）	個人企業経営

表5　シニア起業家らから得られたスタートアップ活動における重要事項や留意事項

No.	シニア起業家などが指摘した起業活動の重要事項や留意事項
1	その課題や理念に人は共感できるか
2	そのサービスや商品が顧客にとって必要性があるか
3	避けられない変革に対し，柔軟に早く対応できるか
4	在職中にいかに外部とのネットワークを作っておけるか
5	タイミングが重要
6	収益見込みとコストを明確に
7	夢を大切に，眼差しはいつも未来を見据えて
8	モノ売りをしない，問題解決をする
9	お客様が先生である，学び続けること
10	価格競争に巻き込まれないようにする
11	適切なマーケットサイズで勝負する
12	社員は少数精鋭にする
13	過去に決めたことに拘らず，柔軟性を持つ
14	失敗の判断は早く行う

（SNS）を活用して人脈を広げてビジネス展開している人など，デジタル時代の技術を有効活用しているシニア起業家も存在した．これらのスキルの中には，シニアがそれまでの社会人として蓄積してきた知識や経験を活かせる事項が存在していると考えられる．たとえば，課題や理念を人に共感してもらうこと（No.1）や，外部とのネットワーク構築（No.4）のためには，多くのシニアが保有するコミュニケーション能力や人脈が有効である．また，タイミングの重要性（No.5）や早期の失敗の判断（No.14）等は，シニアの経験に基づく結晶性能力である判断力が活用できる．

　次に，スタートアップに関するアンケートの対象者に，起業にあたって留意すべきと考えられる事項について，自由回答を求めたところ，61人から有効回答が得られた．これらをテキストマイニングし，キーワードの出現回数をカウントし，その出現回数からワードクラウドを作成した（図15）．「起業」や「スタートアップ」以外のキーワードとして，「価値」，「社会」，「事業」，「人脈」，「健康」，「ビジョン」などが多く出現しており，売上や利益な

図 15　スタートアップの留意事項のキーワード出現頻度のワードクラウド

出所：スタートアップに関するアンケートの自由回答のキーワードの出現頻度から筆者作成（n=61）

どの直接的な経済価値に関連するキーワードの出現頻度は高くなかった．こ
れは，スタートアップする場合，経済価値のみを追求する意識から，社会価
値の重要性やワークスタイルの多様化に伴うワーク・ライフ・バランスに対
する意識が高まってきていると捉えることができる．また，「戦略」や「経
営」，「組織」，「営業」，「ネットワーク」なども出現頻度が高く，重要性を確
認した．これらは，シニアが社会人として培ってきた洞察力や内省力，コ
ミュニケーション力，判断力などの結晶性能力が活用できる領域である．

　以上から，シニアの起業活動において，それまで社会人として蓄積された
知識や経験に関連するスキルが有効であることを示唆しており，仮説 2 の
「シニア世代は，社会人としての過去の知識や経験によって培われたコミュ
ニケーション力や判断力等の結晶性能力を活用することでスタートアップ活
動に貢献できる」ことは棄却されないと考えられる．

お わ り に

スタートアップに関するアンケート調査の回答内容やシニア起業家らへの
ヒアリング内容から考察した結果，50 歳以上のシニア世代の起業に対する
モチベーションは若い世代に比較して低くなかったことから，「シニア世代
の起業に対するモチベーションは，加齢により下がるとされた『逆 U 字カー
ブ』に従うとは言い切れない」という仮説 1 は棄却されなかった．今回の調
査対象は日本の比較的高学歴の人々に限られたものであったが，超高齢社会
の日本においては，社会価値を創造しようとするモチベーションが高まって
いる可能性は否定できない．また，シニア起業家らが指摘する重要事項や留
意事項には，社会人として蓄積された知識や経験によって実現できる事項が
多く含まれており，仮説 2 の「シニア世代は，社会人としての過去の知識や
経験によって培われたコミュニケーション力や判断力等の結晶性能力を活用
することでスタートアップ活動に貢献できる」ことの可能性を示唆している
ため，棄却されなかった．

　本研究を通じて，今後の起業促進の方向性として，「シニア」の参画によ
る多様性の拡大の重要性を認識した．「外国人労働者の受け入れ」や「女性
の参画促進」に加え，「シニア」の起業活動への参画により，多様性が増し，
イノベーションを起こしやすい環境が整い，社会的課題の解決の可能性が高
まる．しかし，日本では，高齢になると記憶力や体力が低下するため，高齢
者は役に立たないとみなされる傾向がある．超高齢社会の日本において，こ
の偏見をなくし，年齢差別をなくし，多様な環境で若者と共に起業活動を行
うことは，高齢者自身の「いきがい」につながり，心身ともに健康で幸せな
「サクセスフル・エイジング」の実現に寄与すると考えられる．さらに，シ
ニアの起業活動への参画は，結果として，年金や高齢者医療費の抑制などの
社会的課題にも良い影響を与える可能性も高い．

参 考 文 献

柄澤昭秀（1981）『老人のボケの臨床』医学書院.

中小企業庁（2014）『2014 年版 中小企業白書』.

中小企業庁（野村総合研究所）（2016）「中小企業の成長に向けた事業戦略等に関する調査」『2017 年版 中小企業白書』349 頁.

東京都健康長寿医療センター研究所（2013）『シニアのグループ活動応援ガイドライン』.

内閣府（2020）『令和 2 年版高齢社会白書（全体版）』.

内閣府経済社会総合研究所（2016）『平成 27 年度国民経済計算年次推計（平成 23 年基準改定値）』.

日本 SP センター シニアマーケティング研究室（2016）『シニア市場の細分化及びニーズ発見のための戦略的フレームワーク』.

日本 SP センター（2020）「シニア世代の全体像」 https://nspc.jp/senior/who/ ［2020 年 5 月 10 日閲覧].

日本政策金融公庫総合研究所（2012）『シニア起業家の開業— 2012 年度「新規開業実態調査」から—』.

平井均，亀井省吾，大橋正和（2018）「サクセスフル・エイジングのためのアクティブ・シニアのスタートアップ活動に関する研究：Well-Being 向上の一方法としての起業に関する考察」（『情報社会学会誌』Vol. 13. No. 1）57-71 頁.

Azoulay, P., Jones, B. F., Kim, J. D. and Miranda, J. (2018), Age and High-Growth Entrepreneurship, *NBER Working Paper*, No. 24489, April 2018, National Bureau of Economic Research (NBER).

Azoulay, P., Jones, B.F., Kim, J.D. and Miranda, J. (2018), Research: The Average Age of a Successful Startup Founder Is 45. *Harvard Business Review*. July 11, 2018.

Baltes, P. B. and Baltes, M. M. (1990), *Successful aging: perspectives from the behavioral sciences*, Cambridge University Press.

Horn, J. L. and Cattell, R. B. (1967), Age differences in fluid and crystallized intelligence, *Acta Psychologica*, Volume 26, 1967, pp. 107-129.

IMF (International Monetary Fund)(2020), Database "World Economic Outlook Database".

Jones, B. (2018), Best Age To Start A Company: Age of Entrepreneurship, *San Antonio Express News and Houston Chronicle*.

Lévesque, M. and Minniti, M. (2006), The effect of aging on entrepreneurial behavior. *Journal of Business Venturing*. Volume 21, 2006, pp. 177-194.

Lévesque, M. and Minniti, M. (2011), Age Maters: How Demographics Influence Aggregate Entrepreneurship. *Strategic Entrepreneurship Journal*, 5. pp. 269-284.

第5章

クラウドファンディングの「つなげる力」と 「つながる力」に関するモノガタリ という視点における考察

松 田 壮 史

は じ め に

　世界はインターネットでつながり，それを使いこなすデジタルネイティブが登場して久しい現代において，SNS（social networking service）を使ったコミュニケーションは人々の日常において主流となってきた．それに伴い，現代では，距離や時間に制約のないインターネットを使った情報発信や拡散コストは劇的に低下し，その恩恵を都市の生活者だけでなく，地域の生活者も等しく甘受している．

　その一方で，少子高齢化に伴う人口減少により地域コミュニティや地域経済の維持が難しくなっていることは社会問題として取り上げられている．現代人は，地縁・血縁という，いにしえのリアルな集団主義のコミュニティを嫌ったモダンな都市生活者である．それらは，人と人との関係性が希薄で，より個人を優先した個人主義を求め始めた結果とも言えるだろう．しかし，現在の個人主義には，リアルな世界での孤独がある反面，バーチャルな世界ではインターネットや SNS を使い，常にどこかのネットワークにつながっ

ているという新しい個人主義である点が，デジタル時代のコミュケーション
の特徴の１つであると考える．

　本章ではすべての人々が関わる生活が，エレクトロニクス技術により効率
的に処理・制御される時代における情報伝達のあり方が変わった，デジタル
時代のコミュニケーションとして，インターネットを介して不特定多数の人
から資金調達をすることができるクラウドファンディングの事例をもとに考
察する．また，人を起点とした際に情報をインターネットの受動的な「つな
がる力」とSNSを活用したクラウドファンディングという能動的な「つな
げる力」という２軸に分け，その情報をパワーとして活用するために重要な
要素として「モノガタリ」という視点を加えて考察を行っていく．デジタル
時代の「個」の時代に，従来はつながることがなかった属性の個々人が，イ
ンターネットを通じてコミュニケーションを行い，ネットワークを構築した
結果としての新しい「コミュニティ形成」へ至る過程を事例を通じて提示し
ていく．特に衰退の激しい地域社会と，都市住民とのコミュニケーションの
あり方としてどのようなコミュニティの形があるのかをSNSを活用した事
例と地域創生のクラウドファンディングの２事例を使って示していく．

1.　デジタル時代の地域創生の課題

　昨今の新型コロナウイルスによる接触型のコミュニケーションを制限され
る状況に陥る経験は，地域創生におけるメインテーマである「賑わいの創
出」という手法について大きな転換に直面する可能性が高く，これまでの社
会構造をも大きく変える要因となり得ると考える．しかしながら，それ以前
から日本の社会構造を大きく変化させている主な要因として少子高齢化があ
る．日本の人口減少と高齢化に伴う地域コミュニティの衰退は日本全体の未
来へ影響を及ぼす重要なファクターとなっており，日本の多くの地区で地域
コミュニティの維持が難しくなっている．この地縁・血縁・組織・社縁とい

う従来型の親密な関係性によって構築されているコミュニティの崩壊は人口が集中する都市においても同様である.

　都市の人口構成における単身者の増加は,都市の生活様式を変化させており,他人との関係性の希薄化から従来の互酬性や信頼性にもとづくコミュニティの消失は,社会的集団や組織との関係を維持することを非常に難しくしている.

　これらに対して,政府を始めとしたさまざまな組織が,地域活性化と地域コミュニティ再生への取り組みを行っているが,定住人口の減少を交流人口の増加で補う政策は,海外からのインバウンド需要に依存した観光都市が新型コロナウイルスの影響で苦境に立たされていることからも分かるように,単純な数字としての交流人口増加を求める政策では,地域創生も継続的な維持も難しい状況となっている.

　筆者が提示する事例は,デジタル時代のコミュニケーションによるクラウドファンディングという手法を用いた地域創生の取り組みであり,これらの課題に対する1つの「解」となる可能性が高いと考えている.また,コミュニティをネットワーク化するためには,情報に「つながる力」と情報を「つなげる力」という2つの力(松田 2018)を上手くコントロールする必要がある.但し,本章で示すブリッジング(橋渡し型)とボンディング(結束型)のコミュニティの分類は,単なる都市と地域のコミュニティの対比を指しているわけではない.ブリッジングもボンディングもそれぞれのコミュニティを比較した場合による分類である.今回提示する事例では,多くの個によって構成される都市住民のバーチャルコミュニティが結果として多様性を有しており,地域コミュニティと結合することで高いブリッジングの機能を持ったコミュニティとしてお互い不足するリソース(人・物・金)を相互補完する関係性が成立した.従って地域コミュニティがすべてボンディングであるとしているわけではない.

　地域のコミュニティが水平連携することで都市の個人をブリッジング(橋渡し)する機能を有する可能性も十分にあると考えられる.現在,世界は新

型コロナウイルス感染拡大による未曽有の事態に直面しており，今後は非接触型コミュニケーションによる経済活動の維持やコミュニティ形成の模索と，従来の仕組みを再構築する必要性に迫られている．その萌芽として，バーチャルなコミュニケーションをリアルなコミュニティとブリッジングするクラウドファンディングの事例研究は有用であると考える．これらの大転換期にどのようなコミュニケーションが情報ネットワーク社会の維持に有効であるかについて，本研究でその一端を提示できると幸いである．

2.「つながる力」としてのインターネット

2-1. デジタル時代の「つながる力」とは何か

　デジタル時代とはどのような時代を示しているのか，デジタル時代とアナログ時代とはどのような違いがあるのかを考えるにあたり，「つながる力」という側面から考察をする．

　パーソナルコンピューターの大衆化と，インターネットの普及により，デジタル時代の「つながる力」は，世界的な情報ネットワーク網を構築したと言える．その産物として人類は，情報ネットワーク社会という新たな社会構造を生み出してきた．インターネットは，単なる通信手段としてのネットワークから商業転用され，人々の日常生活に溶け込み生活の多くがインターネットを介した商取引へ発展してきた．この時間的，空間的な制約から解放された商品取引形態は「電子商取引」「Eコマース」などと呼ばれる商慣習として定着してきた．この呼称の「電子」「E」とは，エレクトロニクスを指しており，電子を制御するエレクトロニクスとは半導体集積回路技術と言える．特に近年多様な分野で使われているデジタル化という言葉は，従来エレクトロニクス技術が活用されていなかった分野である社会インフラや農業，オフィスや生活全般にわたってアナログからデジタルへとエレクトロニクス化されていることを指している．インターネットによって，個々のパー

ソナルコンピューターがネットワークを構築したことは述べたが，さらにスマートフォンなど携帯通信機器の小型化と一般への普及により，個人は常に情報ネットワークに接続できる環境を維持したままで，集団主義にまき込まれることなく個人主義でいられる時代となったのかもしれない．本研究の「デジタル時代のコミュニケーション」とは，インターネットの「つながる力」を使うことで，生活全般がエレクトロニクス技術により，効率的に処理・制御される時代における共同体を構成するが，集団主義に組み込まれない独立した個々への情報伝達のあり方について深耕する面もあると言える．

2-2.　アナログ世代とデジタル世代の個としての生活者の違い

　では，集団主義に属さない独立した個々とはどのような個であるのか．デジタル時代の到来により，我々の社会構造は変化し，アナログ世代とデジタル世代での世代間格差が問題になるという指摘が多くあったが，2020 年の現代では少なくとも就労している現役世代は，過半数デジタル世代となったと言っても過言ではない．1990 年後半に，子供のころから自由にパーソナルコンピューターやインターネットを使う環境で成長した新たな世代をデジタルチルドレンと Don Tapscott が名付けたことがデジタル世代の始まりとすると，当時の課題は単純であった．生まれたときから IT 環境に親しんでいる世代をデジタルネイティブと呼び，それ以前の IT を身につけようとしている世代をデジタルイミグラントと呼称（Prensky 2001）し区別して考えており，親が自分たちの世界観を超えた世界で成長する子供たちとの世代間の断絶への危惧という課題であった．

　その後，デジタルネイティブ層自体を，初期のホームページやインターネット検索サービスを活用していた「デジタルネイティブ第 1 世代」とソーシャルメディアであるブログや SNS，動画共有サイトなどを活用し，クラウド環境で集合知を活用する「デジタルネイティブ第 2 世代」に分類する研究や，庄野（2010）の，1976 年前後をパーソナルコンピューターのネットリテラシーに強い 76（ナナロク）世代，1986 年前後を携帯通信機器のネットリ

テラシーに強い86（ハチロク）世代と分類するなどさまざまな分類方法が提唱されてきた．いずれにしても，既に現代社会において，インターネットを介したバーチャルな関係性は日常生活に定着しており，デジタルネイティブが主流であることに変わりはない．特に日本においては，パーソナルコンピューターによってインターネットへ接続する方式より，スマートフォンやタブレット，携帯ゲーム機などのモバイル型の通信機によるインターネット接続が主流となっていることが特徴である．これはガラパゴス携帯，いわゆるガラケーと言われた日本独自規格のモバイルフォンの普及により携帯電話文化が定着したことが原因と考えられている．これに対してネオ・デジタルネイティブと呼ばれる世代が登場している．彼らはメールやチャットに代わってSNSの比重が高くなっている．これは，さらに高性能化したスマートフォンなどのデバイスの登場によって，SNSを通じて自らの情報を文字や動画での情報発信が容易になったことと併せて，バーチャルな空間を通じて，リアルの友人を超えた共通の志向性を持つ不特定多数の他者とも情報を共有し，コミュニケーションをとる「情報共有発信型」へと進化している．

　この場合の関係性は，共通の項目によってのみコミュニケーションをとる「ゆるい連帯の構築」であり，なんらかの共通の項目について，年齢・性別に関係ないゆるやかな関係性で成立している「新しい情報伝達」や「コミュニケーションの取り方」へと展開している．アナログ世代の地縁・血縁・社縁というリアルなコミュニケーションをもとに形成されたコミュニティは生活者がデジタル世代に変化したことにより，衰退を余儀なくされている．このような違いを踏まえてコミュニケーションを行うことが，インターネットの「つながる力」を有効に作用させるために重要となってきた．従来型の地域創生手法を単にインターネットやSNSの活用へ切り替えただけの地域創生策に効果が薄いのは，発信した情報を受け取るデジタル世代の実態を理解していない点が大きな原因である．

3. コミュニティを「つなげる力」としての クラウドファンディング

3-1. クラウドファンディングの仕組み

　クラウドファンディングとは，不特定多数の資金提供者（crowd）から，インターネットなどを通じ，小口資金を調達する（funding）仕組みの総称である．この場合の資金提供者は，これまでの銀行など金融の専門家でなく，クラウドファンディングのプロジェクトに共感した一般の人々であり，購入，寄付，投資という形で，主にインターネットを通じて小口資金の提供を行う行為を指している．日本でクラウドファンディングと言われる場合その多くは，購入型のクラウドファンディングであることが多い．

　また，クラウドファンディングは，主に2つに分類でき，プロジェクトが目標金額を達成しなくても出資された資金を受け取れる「All in 型」とプロジェクトが支援の募集期間内に，目標金額を達成することで初めて資金を受け取れる「All or Nothing 型」があり，購入型のクラウドファンディングにはその両方の方式が存在している．

　本章で取り上げる地域創生のクラウドファンディングは，寄付型ではなく資金出資者へなんらかのリターンを提供する購入型となる．

3-2. クラウドファンディングのコミュニケーション構造について

　クラウドファンディングでは，一般的に資金提供者とプロジェクト起案者との関係を成立させる鍵は，プロジェクトへの共感であると言われている．

　商品開発のクラウドファンディングと異なり地域創生のクラウドファンディングでは，プロジェクトの募集期間に生じる一時的な起案者のコミュニティへの帰属がその後も継続となるケースが多い．それは，地域創生プロジェクトが一時的なモノではなく，継続性があるためだと考える．しかし，資金調達という視点でみると通常はプロジェクト終了と共にその関係性は消

失する．つまり，一般的にクラウドファンディングは1回限りのプロジェクトで終了する単発の資金調達であると捉えられている．そのため，クラウドファンディングの活用もスタートアップの支援として位置付けられ，起業当初の支援としての新しい資金調達のツールとして語られることが多い．

そしてこれまでは，事業の継続性の担保やその後の新規顧客の拡大につなげる消費の掘り起こしというマーケティングの視点に立った活用はあまりされてこなかった．

また，市場規模としてもこれまでのクラウドファンディングは，小規模な目標金額のプロジェクトが多く，支援者も起案者の親族や知人または，友達の友達という狭いコミュニティからの支援で目標達成が可能であった．

一般的にクラウドファンディングにおける支援者の構成は3つの階層で示されることが多い．それは，起案者の家族や親族，そして友人という強い関係性にある第1層，そして友達の友達や知り合いという弱い関係にある第2層，最後が全くの利害関係のない第三者からなる第3層という3層構造である．近年，クラウドファンディング市場の拡大により，比較的大きなプロジェクトがクラウドファンディングで起案されるようになってきた．そのためこれら規模の大きなクラウドファンディングを成功させるには，利害関係のない第三者からなる第3層からの支援をより多く取り付ける必要が生じてきた（図1）．

山本（2014）は，マス・ソリューション社のクラウドファンディング・リサーチ・ディレクターの言葉として Third-level survivorship を挙げている．

この3次以降の生存率とは，一般的にクラウドファンディングの支援者は，まず1次のつながりである密な関係性にある直接の友人，そして2次のつながりで弱い関係性にある友人の友人という情報の流れとなるが，更なる乗数的な情報の拡散・波及を起こすことが資金調達を成功させるためには必要であり，そのために直接的，間接的な人間関係を超えた3次以降のつながりのある人々へメッセージを伝え支援者とすることがプロジェクトの成否を分けると指摘している．

図1　クラウドファンディングの情報拡散モデル

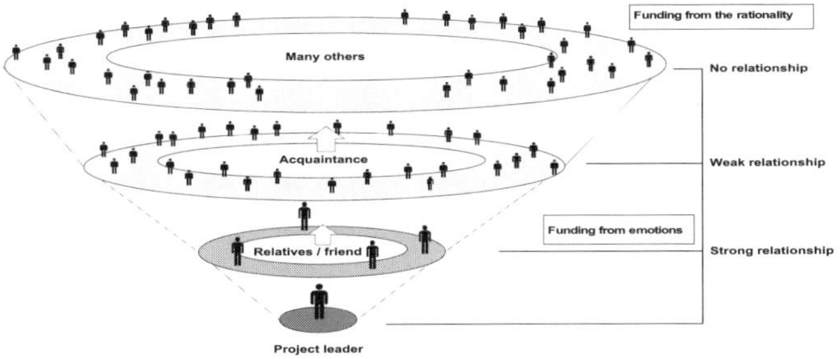

出所：筆者作成.

4. モノガタリとして可視化することの
　有効性について

　本章でいうモノガタリとは，「物語 (narrativity) とは，戦略やその展開を物語的に分かりやすく説明することではなく，人々の心をつかみ，意識を鼓舞して動員できる物語的な場作りの方法論」であり，「物語には暗黙知を大きく失わずに知を伝達できる」機能がある（野中・紺野 2012）とした機能の総称としてモノガタリを定義している．また原田（2013）がエピソードメイクとして述べている「意味記憶と対極的な記憶に関する概念であり，物語と共にコミュニケーションを行うことで長期的な記憶に刻まれるストーリー」であるとも指摘している．これらの示すモノガタリを活用した取り組みは，従来の地域創生には見られない新しい手法である．Facebook や Twitter に代表される SNS を活用して地域創生を行うこれらの手法は今後も拡大していくと予測される．

　デジタル時代には，個々の携帯通信機器が持つ情報がインターネットを始めとするネットワーク技術と融合することが可能となった．これにより，パーソナルコンピューター本来の能力が，ネットワークにつながることで十二分に発揮される環境が整ったことになる．この「つながる力」は，情報

を力に変換する条件であると考える．しかし単なる情報の集積では，ただの情報過多であり，その中から，有益な情報とそうでない情報を区別する「つなげる力」が必要である．また，その集積された情報を解釈し，人々を共感・共創によって未来へ向けたイノベーティブな力として収斂することが重要である．つまり「つなげる力」とは，情報をつなぎ合わせて，またそれらの情報からエッセンスを抽出し，モノガタリとして可視化し，人々に提示・認識され，共感を獲得することによって，初めて力として活用できる．また，その力を行使した結果も情報としてフィードバックされ，更なるイノベーティブな力とすることで再利用される知識循環型モデルと考える．

モノガタリの可視化は，未来への展望やビジョンを示すことで，自らの成長や拡大につなげる行為である．情報発信者は，誰もが共感するモノガタリを情報から抽出し未来を創造する「つなげる力」を持つ必要がある．この「つなげる力」こそ，デジタル時代のコミュニケーションに必須の能力となると考察する．

5.　ケーススタディ

5-1.　ケース1：日本最古の組織を SNS とカレーでつなげる大村のカレー坊主

ケース1は，少子高齢化により，従来型の檀家に限定した「つなげる力」に衰退が見られる日本最古の組織である仏教界において，仏教というコンテンツにカレーというコンテキストを用いることで，宗派を超えたコミュニティ形成を SNS を使って成功させた事例である．SNS を活用してデジタル時代の「つなげる力」を創造することで，仏教にそれまでなかった檀家や宗派にこだわらない公共のコミュニティの場としての役割を創造している．

5-1-1.　地縁・血縁など従来型のつなげる力の衰退と寺院の役割の変化

　寺院を取り巻く環境は厳しくなっている．文化庁の 2019 年の宗教統計調査によると全国の神社は 8 万 1,074 社，寺院は 7 万 6,930 院であり，合計 15 万 8,004 となっている（文化庁 HP）．仏教は，仏の教えの解釈の違いから各宗派に分かれており，宗派内での階層も厳格に定まっている．そのため，信仰の異なる他の宗派との連携はほとんどなされない．各宗派は寺院を所有しており，宗教というコンテンツを寺院や仏像という舞台装置を使って仏の世界を表現し，仏や仏教にまつわるモノガタリを活用し，仏の教えを分かり易く伝えることで檀家とのエコシステムを構築している．

　このエコシステムは，寺院というロケーションに縛られ，一定のエリア内での活動に限定されるが，地域コミュニティの精神的な核として，仏もしくは仏の教えを信仰する檀家と呼ばれる信者の先祖の墓を祀り，信者へは各宗派の経典をもとにした社会的な規範を示す役割を担っている．しかしながら，日本における最も古い組織の 1 つである宗教法人も少子高齢化の影響を受けている．つまり檀家の高齢化による減少と，少子化により新たな世代の増加は見込めない状況となっている．特に墓の管理は先祖から代々子孫に受け継がれることを前提とした寺院のエコシステムの根幹であるが，高度経済成長から続く地域から都市への人口流出により，本来の出身拠点での墓守が減少することで，各地で「墓じまい」（改葬）という現象が起きている．人口の増加を前提とした寺院のエコシステムは，少子高齢化により立ち行かなくなっており，従来とは別の役割を模索している．広域災害の発生時の避難場所，平時はコミュニティの場所となるなど，檀家や宗派にこだわらない公共の場としてコミュニティの中心となるような新たな役割の模索である．

5-1-2.　つながる力の拡散と収斂の差

　日本最古の組織である仏教においても，デジタル時代の流れの中で，インターネットや SNS を活用して情報発信する僧侶やネット寺院は少なからず存在するが，宗派を超えて連帯し，イノベーションを起こす僧侶は少数であ

114

る．それは仏教が，細かい宗派に分かれ，それぞれの所有する寺院という舞台装置の中で各々が仏事を行うことで効果を発揮するように完成された様式であり，その対象は同じ宗派を信仰する同じエリアの檀家に限られていたからである．しかしながら，先に示した通り，少子高齢化により檀家が減少し続ける状況においては，その完成された様式ゆえに，宗派やロケーションが活動限界となり，より大きな活動への成長を阻害するボトルネックとなってきている．

　当然，それぞれの宗派はこれまで，インターネットやSNSを通じて情報を発信し，新たな檀家の獲得のための活動を行ってきた．多くの場合，説法などをHPに掲載する，もしくはインターネットやSNSを活用して不特定多数に向けて配信するという情報発信機能を活用するにとどまっている．

　これらの取り組みによっても，つまりデジタル時代のコミュケーションとして情報を発信するだけでは，膨大な量の情報に埋もれてしまい，本来必要とするところに情報が届きにくく，有効に機能しないことが分かる．仏教はこれまで，情報を拡散させず限られたエリアで特定の檀家へ発信することで，エコシステムを維持してきたことからも情報は指向性を持って収斂させることでより高い効果を発揮することが分かる．

5-1-3. カレーを通じて宗派という活動限界を超えた大村のカレー坊主

　長崎県大村市の吉田武士氏（以下吉田）は，在家僧侶としてSNSを使って宗派を超えた取り組みを行っている．その取り組みは，これまでの各寺院での取り組みとは異なる非常にユニークなものである．以下は2019年1月に筆者が吉田への1対1のインタビュー形式で行った調査による[1]．

　自らをカレー坊主と称する吉田は，「誰もが仏教を身近に感じることができる」ようにカレーによる地域コミュニティの創造へ取り組んでいる．もともとカレー好きな吉田はSNSを通じてカレーに関する投稿を行っており，「カレーのように自然に仏教を感じて欲しい」との思いから，釈迦の生誕を祝う4月8日の花祭りにカレーを食べよう！と呼びかけた（図2）．

この「はなまつりカレー」とは，クリスマスやハロウィンなどのイベントと比較して，仏教の花祭りは仏教関係者以外には知名度が低いという現状を改善するべく吉田を中心として全国の有志で行った取り組みである．そして，仏教と縁の深いインドで一般的な食事であるカレーを通じて釈迦や仏教について親しみを持ってもらう運動として始まった．

図2　はなまつりカレーポスター

出所：吉田氏提供資料.

吉田の使用した釈迦にカレーとスプーンを持たせた大胆な PR ポスターが前例となり，僧侶側の心理的安全空間が拡張したことで運動が加速したと筆者は推測している．

公共の場としての寺院が機能するためには，ある意味で部外者に対して排他的であった寺院空間を，「一般に解放された心理的安全空間である」と世間が認知する必要がある．つまり，現在，各地の寺院で盛んに行われているイベント関連は参加者側に寺院が公共の場であるという認識がなければ，参加者が関係者に限定される可能性が高くなる．そのため吉田の取り組みのように，寺院という舞台装置を外したアプローチとして仏教というコンテンツを「カレーのように身近に」というコンテキストで変換することで宗教色を緩和させる必要が生じてくる．

吉田のカレーを介在した地域コミュニティの創造への取り組みは，年1回の「はなまつりカレー」にとどまらない．地域住民とのコミュニティ形成としてカレーを振る舞う「いきなりカレー」（第5回まではいきなり晩ごはんカレー）という活動を行っている．

この取り組みは，2017年2月2日以降，ほぼ毎月開催されている．名前の由来は，僧侶の休日は不定期のため，前もって日程を決めて周知することができず，いきなり開催告知をせざるを得ないことを逆手にとったものである（図3）．告知は主に SNS を活用して行われる．「人生はいつもいきなりだ」

図3　いきなりカレー告知

出所：吉田氏提供資料.

とのキャッチコピーで告知されるいきなりカレーの活動内容は，①誰でも参加可能，②カレーをみんなで作る，③みんなで食べるだけというシンプルなイベントである．

このイベントの開催場所は寺院ではなく，主に大村市の市民交流プラザで開催されている．カレー作りという分かりやすいモノガタリを活用することで共感力の高いコミュニティを形成している．いきなりカレーは寺院の外に「場」を設定することで，宗派という活動限界の枠を外し，宗派を超えた新しいムーブメントを起こしている．

この場合の要素は，①心理的安全空間の確保，②失敗の許容，③相互信頼関係の構築，④自由な発言機会，⑤離脱の自由など地縁・血縁のコミュニティとは異なるゆるい連帯でのコミュニティという特徴がある．このいきなりカレーは，調理から食事をする様子をすべてリアルタイムでネット配信している．これにより，現地の大村で直接参加できない場合もネット配信によって，コメントを寄せることが可能であり，吉田からのそれらに対する返信が入るなどバーチャルな参加が可能となっている．固定のファンも多く，大村市というロケーションでの活動限界を超えて全国から参加する取り組みに成長しつつある．

この活動はある意味で他の宗派の僧侶たちへのヒントともなっている．これまで，宗派内の戒律で縛られていた寺院の活用が，吉田のはなまつりカレーのイベント以降，各地の寺院で単独で行われていた活動に宗派を超えたつながりが生じ始めており，寺院によるイベント活動は活発になっている．寺院が単独で行っていた取り組みをカレーと仏というモノガタリでまとめて全

国的展開でコミュニティ形成したケースはこれまでに吉田以外にはない.

5-1-4. カレーというコンテキストで仏教の宗派という壁を越える

　吉田は, カレーで仏教を盛り上げようという思いから, 曹洞宗, 浄土宗, 日蓮宗, 真言宗, 天台宗, 浄土真宗という宗派を超えた全日本仏教青年会の有志8名で作る全国カレー好き僧侶の会を結成している. 若手僧侶がFacebook を通じて結成した会である. この会は個別に活動していた僧侶がFacebook をもとに連携してより大きな活動へと成長させる動きとなっていく. これらの活動が当時の全日本仏教青年会会長の目にとまり, カレー好き僧侶の会が企画した「ほとけさまのやさしい精進カレー」が開発されることとなる. SNS を通じて情報発信された「ほとけさまのやさしい精進カレー」は2018 年11 月10 日の全日本仏教青年会の全国大会を中心に300 食を販売し完売した（図4）.

　その後この活動は全国仏教青年会としての取り組みに発展し, インターネットを通じて新たに1万食を販売する動きとなった. このカレーは災害時の備蓄食料として各寺院に保存する他に贈答品や返礼品として活用され, 備蓄食料として賞味期限が近くなった場合はフードバンクへの寄贈やこども食堂での活用が検討されている. また, 売上の一部を子どもの貧困問題の解決に取り組んでいるNPO 法人「おてらおやつクラブ」へ寄付するなど仏教的な発想が多いユニークな取り組みとなった. この事例から得られた知見は, モノガタリを活用することで, 古いコンテンツもコンテキストを転換することにより, 新しいコンテンツとして蘇ることが可能であることであり, デジタル時代には個人で始めた

図4　ほとけさまのやさしい精進カレー

出所：吉田氏提供資料.

118

取り組みでも情報の拡散と収斂を上手くコントロールすることで，事例のようにこれまで関係性を結べなかった異なるコミュニティ同士が連携して大きなプロジェクトへ成長していくことを明らかにしたことにある．カレー坊主の取り組みでは，カレーと仏というモノガタリは一貫しており，SNS を通じて異なるコミュニティ間とのコミュニケーションを通じて成長していくモデルとして今後も注目をしていきたい．

5-2. ケース2：シェアビレッジプロジェクト

5-2-1. 古民家をバーチャルな村としてつなげる試み

　2016 年に調査した武田昌大氏（以下，武田）のシェアビレッジプロジェクトは，インターネットを通じて都市住民をバーチャルなコミュニティにまとめ，地域のリアルコミュニティへブリッジングを成功させた良い事例である[2]．特に軽妙なキャッチコピーで都市の生活者を引きつけ共感を持って受け入れられたプロジェクトであった．「村があるから村民がいるのではなく，村民がいるから村ができる」という理念から，秋田県五城目町にある築100年を超える古民家を村と見立て，インターネットを通じて村民を募るプロジェクトである．具体的には，日本各地にある古民家は個人の所有者により維持・管理がなされているが，経済的な理由で取り壊されている現状を，「日本の原風景を次の 100 年も残すため」に，インターネットを通じて大勢の人で少額を負担する仕組みを構築する試みであった．当初の構想では，全国の古民家を村に見立てて，100 万人の村民で，古民家を維持していくことを提唱した壮大なものであった（図5）.

　主に Facebook や Twitter など SNS を使い村民を全国から募集し，年貢という名称の年会費を1人 3,000 円徴収する仕組

図5　シェアビレッジ町村

出所：シェアビレッジホームページより.

みであり，初期の資金を，クラウドファンディングによって調達するなど，これまでの地域創生への取り組みとは異なったユニークな取り組みとなっていた．武田のシェアビレッジという構想は，2015 年に，公益財団法人日本デザイン振興会よりグッドデザイン賞を受賞している．

5-2-2.　都市住民と地域住民の相互補完システムとしてのクラウドファンディング

　武田のシェアビレッジプロジェクトの特徴は，これまでの地域創生の取り組みで課題であった消費者としての都市住民を最初にコミュニティとして組織した点にある．

　このプロジェクトで得られた知見は，地域に限定した資金調達では限界があり，クラウドファンディングが地域のプロジェクトに対してエリアを越えて関東の都市生活者を中心とした全国から支援者を募ることが可能な手段であることを証明した点にある．これまでクラウドファンディングはプロジェクト単位の単発な資金調達ツールとしての研究が主流であったが，この事例にもとづき松田はクラウドファンディングの連続性を指摘した．

　武田のシェアビレッジプロジェクトは，最初のプロジェクトである秋田県五城目町のシェアビレッジ町村と第二村の香川県仁尾町との 2 つのプロジェクトで成功している．秋田プロジェクトでは，目標金額 100 万円に対して865 名から 571 万円の資金調達に成功し，第二村の香川プロジェクトでも目標金額 300 万円に対して最終的には 353 万円の資金調達に成功している．

　その支援の内訳は，秋田プロジェクトでは，東京：337 人，神奈川：99人，千葉：44 人，埼玉：44 人と関東圏で合計 524 人（全支援者の 60.57％），香川プロジェクトでは 742 人の支援者の内，382 人は関東圏という結果であった（表 1）．

表1 クラウドファンディングで年貢を納めた村民の地域別集計表

	秋田 PJ	香川 PJ	村民合計	構成比
北海道	5 人	7 人	12 人	0.75%
東北	**257 人**	141 人	398 人	24.77%
関東	**524 人**	**382 人**	**906 人**	**56.38%**
中部	27 人	38 人	65 人	4.04%
関西	30 人	47 人	77 人	4.79%
中国	5 人	12 人	17 人	1.06%
四国	11 人	**107 人**	118 人	7.34%
九州	6 人	8 人	14 人	0.87%
全国計	865 人	742 人	1607 人	100.00%

出所：武田氏提供の資料より筆者作成.

5-2-3. シェアビレッジプロジェクトを支える成長・育成モノガタリ

　国立社会保障・人口問題研究所の日本の地域別将来推計人口（2018年推計）によると全国47都道府県の中で最も人口減少が予測されたのは，秋田県であり，その減少率は41.2%減というものであった．その人口の減少率が日本一という秋田県の中でも五城目町に至っては，地域創生という取り組みを地域単独で行うことは困難であると言える状況であったが，武田の起案したクラウドファンディングでは，無名の秋田県の町に全国から支援が行われた．その後の香川県でも同様の結果となった．2件とも，支持者の多くが関東圏の都市住民という共通点がある．このプロジェクトが成功した背景には，SNSを活用して，都市住民のバーチャルコミュニティ形成に成功した点があっただけでなく，村の成長・育成モノガタリに対して多くの共感とそれに伴う資金調達ができることが明らかとなった．

　結果，シェアビレッジの開村以来，年間でおよそ1,500人程度がそれぞれの村に「里帰り」しており，既に現地への移住者も複数家族出始めており，地方活性化の効果が確認されている．これまでの地域創造プロジェクトと異なる点は，地域住民とのふれあいや農業体験のような企画を積極的に催していない点にある．

　武田は「おもてなしなし」を標榜しており，「里帰り」した村民はそれぞれの楽しみ方で村という空間を共有している．それによって地域住民との交流は自然な関係に維持されている．また，「里帰り」する村民も自分の村という意識をもって訪れるため，一般の観光客を受け入れた観光地のような地域住民との対立は生まれていないことも特徴である．

　これらの地道な取り組みは，経済産業省と IoT 推進ラボが 2016 年 6 月 10 日より進めている新たな IoT ビジネスモデルの創出や IoT プラットフォーマーの発掘・育成を目的として，地域における IoT プロジェクト創出のための取り組みを認定する「地方版 IoT 推進ラボ」の第三弾に秋田横連携（横手市，大仙市，五城目町，東成瀬村）として 2017 年 8 月 7 日に認定されている．

　武田は，シェアビレッジの取り組みに，ゲーム的な要素を取り入れていると語っている．村民は自身が関わるシェアビレッジの成長と併せて，個々の村民が自身もスキルを提供することでシェアビレッジを育成していると感じている．過疎化の進む中において，未来への成長・育成モノガタリにあるゲーム的な要素が，都市住民と地域住民とを同じ目的を目指す仲間としてまとめていると筆者は考察している．

　地域の主体性を高めていく成長モノガタリの活用では，成長の結果として個性的なまちへ変化させ，地域経済を活性化し，ひいては住民の豊かな生活へつながるシビックプライドの醸成が大切である．一人一人の住民が自分のまちに誇りを持ち自発的にまちづくりに参加し，より良いまちをつくるために努めた結果，個性的で魅力のある地域として外部から多くの人を引き寄せていく循環構造を構築することが重要となる．

　そのためには万人の腑に落ちるモノガタリを活用する必要があり，特に支援者と一緒に進めることで，コミュニティのメンバー全員が，課題を自分事として捉え，自身も参画して成長したと実感することが重要である．武田のシェアビレッジはこれらを忠実に実行した結果，多様で異質な個を惹きつけ共存させるコミュニティの場としてのシェアビレッジを巧みに設定した点にあると考える．

この100万人のシェアビレッジプロジェクトは，この第二村の成功から注目が集まり，次の第三村，第四村，第五村と計画があったが，2020年現在，開村には至っていない．SNSを活用して都市住民のバーチャルコミュニティをリアルな地域コミュニティへブリッジングし，成長・育成モノガタリで共感を集めたプロジェクトの成長が止まった理由は，情報の流れが主に武田を介して成立するというコミュニティの構造にあったと考えられる．次はそのコミュニティの構造問題を克服することで，成長を維持している事例として佐賀モデルを検証する．

5-3. ケース3：佐賀モデル

5-3-1. 佐賀県の地域創生へのクラウドファンディング活用事例

このケースは，クラウドファンディングを地域創生に活用している自治体として2019年に佐賀県の取り組みを調査したものである[3)]．佐賀県は九州の中で福岡県と長崎県に挟まれた形で存在する人口81万人（2015年佐賀県統計課推計）の中規模な地方自治体である．国立社会保障・人口問題研究所の日本の地域別将来推計人口（2018年推計）によると佐賀県の将来推計人口は，2015年対比で2045年に66万人へ20.3％減少すると予測されている（表2）．

いずれの地方自治体においても，出生率の低下と高齢化に伴う就労人口の低下は，地域経済の停滞の要因の1つである．また，若者は就学や就業機会を求めて都市へ流出する傾向があり，定住人口の減少問題は，地方自治体の大きな課題となっている．

この課題に対し，佐賀県は地域創生のインキュベーターとしていち早く，クラウドファンドの活用を宣言している．既に2015年より佐賀県北西部を対象にしたFAAVO唐津が立ち上がり，「その第1号案件として，佐賀県立唐津東高等学校の生徒による「さがんルビー」を用いた製品開発の資金調達を行って」いる．

表2　都道府県別総人口増加率 2015 年 2045 年対比（推計）

No.	都道府県名	2015年	2045年	増減率	No.	都道府県名	2015年	2045年	増減率
1	秋田	1,023	602	−41.2%	25	福井	787	614	−21.9%
2	青森	1,308	824	−37.0%	26	鳥取	573	449	−21.8%
3	高知	728	498	−31.6%	27	群馬	1,973	1,553	−21.3%
4	山形	1,124	768	−31.6%	28	三重	1,816	1,431	−21.2%
5	福島	1,914	1,315	−31.3%	29	栃木	1,974	1,561	−21.0%
6	岩手	1,280	885	−31.9%	30	香川	976	776	−20.5%
7	徳島	756	535	−29.2%	31	静岡	3,700	2,943	−20.5%
8	長崎	1,377	982	−28.7%	32	**佐賀**	**833**	**664**	**−20.3%**
9	和歌山	964	688	−28.6%	33	熊本	1,786	1,442	−19.2%
10	山梨	835	599	−28.3%	34	兵庫	5,535	4,532	−18.1%
11	愛媛	1,385	1,013	−26.9%	35	京都	2,610	2,137	−18.1%
12	鹿児島	1,648	1,204	−26.9%	36	石川	1,154	948	−17.9%
13	奈良	1,364	998	−26.8%	37	大阪	8,839	7,335	−17.0%
14	新潟	2,304	1,699	−26.3%	38	岡山	1,922	1,620	−15.7%
15	山口	1,405	1,036	−26.3%	39	広島	2,844	2,429	−14.6%
16	北海道	5,382	4,005	−25.6%	40	千葉	6,223	5,463	−12.2%
17	宮崎	1,104	825	−25.3%	41	福岡	5,102	4,554	−10.7%
18	島根	694	529	−23.8%	42	滋賀	1,413	1,263	−10.6%
19	茨城	2,917	2,236	−23.4%	43	埼玉	7,267	6,525	−10.2%
20	岐阜	2,032	1,557	−23.4%	44	神奈川	9,126	8,313	−8.9%
21	富山	1,066	817	−23.3%	45	愛知	7,483	6,899	−7.8%
22	長野	2,099	1,615	−23.1%	46	沖縄	1,434	1,428	−0.4%
23	大分	1,166	897	−23.1%	47	東京	13,515	13,607	0.7%
24	宮城	2,334	1,809	−22.5%					

出所：日本の地域別将来推計人口（2018 年推計）をもとに筆者作成.

5-3-2.　佐賀県のクラウドファンディング活用状況調査

　この調査は佐賀県内の起案者によるクラウドファンドの実績をそれぞれのプラットフォーマーの HP より抽出した．抽出項目はプロジェクトの成否，目標金額，達成金額，支援者数，クラウドファンディングの形式，達成率とした．データ抽出の基準は次の通りである．

（1）　プラットフォーマー（5 団体）：

　① Campfire, ② CRAFUN.JP, ③ FAAVO 佐賀, ④ Makuake, ⑤ Readyfor

（2）　ジャンル別（10 分類）：

　① 音楽・エンタメ，②教育・セミナー・出版，③芸術・映画，④地方創生，⑤テクノロジー・ガジェット，⑥農業，⑦フード・ドリンク，⑧

　デザイン・クラフト，⑨美容・ファッション，⑩その他

(3)　起案エリア：佐賀県内の 10 市 10 町の併せて 20 市町

(4)　クラウドファンドの形式：① All in 型，② All or Nothing 型，③形式
　　　記載なし

(5)　期間：2013 年 12 月から 2019 年 8 月までに支援募集期間が終了する
　　　プロジェクト

　尚，データの抽出は，クラファン株式会社が抽出したデータを筆者が再度，全件を各プラットフォーマーの HP と照合した上で使用した.

5-3-3. 佐賀県のクラウドファンディング活用状況調査結果

　佐賀県内でのプロジェクト起案は，2013 年にわずか 1 件であったが，2014 年に 5 件，2015 年・2016 年が 13 件，2017 年は 22 件，2018 年 28 件と年々増加しており，2019 年は募集期間が 8 月終了と通年ではないが調査時点で既に 21 件に達しており増加傾向であった. なお，該当 106 件の内，終了期間が判明しなかった 3 件は対象外とした（図6）.

　また，その起案エリアに関しても，佐賀市を中心に 20 市町の内 17 市町で起案されており（図7），クラウドファンディングによる地域創生プロジェクトの起案は，佐賀県の全域で実施が可能であること示している. このようにクラウドファンディングは，IT を活用することで地域格差による影響を受け難い特性があり，地域創生での活用に有効であると考える.

図6　佐賀県におけるクラウドファンディングの起案件数の推移

出所：抽出データより筆者作成.

図7　佐賀県におけるクラウドファンディングの起案のエリア分布

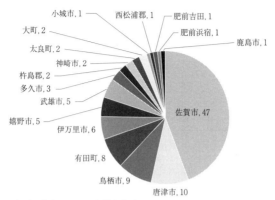

出所：抽出データより筆者作成.

　プラットフォーマー別の内訳は，Campfire 45件，Readyfor 28件，Makuake 12件，FAAVO佐賀15件，CRAFUN.JP 6件であり，該当件数106件，内，終了案件100件（2019年6月28日現在），期間内であるが既に目標金額を達成している案件2件，総支援者数4,871人，プロジェクトの目標金額総額76,179,609円，支援金額総額55,277,709円であった.

　ジャンル別（10分類）では，地方創生が38件，教育・セミナー・出版が16件，フード・ドリンク14件，芸術・映画12件の順であった.プロジェクト106件の各プラットフォーマー別の集計（2019年6月28日現在）をみると，成立62件，不成立40件，募集期間中4件であった.不成立は目標金額の達成の成否を基準とした.不成立の40件の内，All or Nothing型18件，All in型22件であった（表3）.尚，全体での成功率は60.78％であった（表4）.しかし，プラットフォーマーによって成功率に大きな差が生じており，起案プロジェクトのジャンルの違いにより達成の難易度で差が生じたと考える.

5-3-4.　地域と都市との橋渡しとしてのファンドレイザーの活用
　クラウドファンディングを活用して地域創生を試みる地方自治体は多いが，その多くは，従来型の地域創生と同じ手法であることが多い.それは，

表3 佐賀県内起案のＰＪ終了分ジャンル別・支援金額・目標金額・支援者数一覧

ジャンル別	プロジェクト件数（件）				支援金額（円）		目標金額（円）		支援者数（人）	
	合計	成立	不成立	募集中	成立	不成立	成立	不成立	成立	不成立
地方創生	38	16	21	1	13,589,120	3,142,708	8,880,000	22,166,760	1,079	390
教育・セミナー・出版	16	12	4	0	6,383,000	2,718,000	4,221,000	5,800,000	393	115
フード・ドリンク	14	12	1	1	8,470,947	1,000	3,500,000	100,000	12	1
芸術・映画	12	7	5	0	2,657,000	1,423,077	2,660,000	5,267,200	284	312
音楽・エンタメ	6	4	2	0	7,025,257	300,000	5,000,000	110,000	418	21
美容・ファッション	5	2	1	2	1,160,500	記載なし	800,000	1,050,000	210	記載なし
その他	5	3	2	0	1,234,500	記載なし	1,131,000	2,200,000	120	記載なし
テクノロジー・ガジェット	4	2	2	0	3,615,000	37,950	3,300,000	3,600,000	187	53
農業	4	2	2	0	1,223,500	440,000	1,000,000	1,000,000	185	62
デザイン・クラフト	2	2	0	0	658,100	該当なし	600,000	該当なし	84	該当なし
	106	62	40	4	46,016,924	8,062,735	3,109,200	41,293,960	2,972	954

出所：各プラットフォーマーHPのデータをもとに筆者作成.

表4 佐賀県内起案のプラットフォーマー別結果分類

	成立	不成立	出資	募集中	合計	終了案件	成功率
Campfire	28	1	15	1	45	44	63.64%
Readyfor	14	13	0	1	28	27	51.85%
Makuake	8	1	3	0	12	12	66.67%
FAAVO 佐賀	8	3	4	0	15	15	53.33%
CRAFUN.JP	4	0	0	2	6	4	100.00%
合計	62	18	22	4	106	102	60.78%

注：2019年6月28日現在
出所：各プラットフォーマーHPのデータをもとに筆者作成.

定住人口の減少による地域経済の停滞を交流人口の増加，つまり所得の高い都市住民を呼び込むことで消費を増やし地域経済を活性化する方法である．

　しかし，単純にインターネット経由で情報発信をしただけでは，資金提供者である都市住民と地域をブリッジングしたということにはならない．地方自治体がリアル・バーチャルにかかわらず「場」を用意するだけでは，不十分であり，なんらかの方法で相互を橋渡しする機能が必要である．筆者がこの

佐賀県の取り組みを調査した理由の1つとして，他県に先駆けて佐賀県は，このブリッジング機能に注目しファンドレイザーという制度を組み込んだ点がある．

　ファンドレイザーとは，社会課題の解決に取り組む人と，なにか社会貢献をしたい人とをつなぐ役割を担う人を指しており，クラウドファンディングの場合は，起案者と支援者の間をブリッジングするリーダーとしての役割となる．佐賀県は「クラウドファンドの利活用に関する連携・協力協定」を，株式会社佐賀銀行，クラウドファンディング活用サポートセンター佐賀運営委員会，株式会社ユニコーン，クラファン株式会社の4団体（2019年6月調査時の契約企業数であり，2020年5月現在は9企業と契約している）と締結し，推進体制を強化している（表5）．

　さらに佐賀県は，継続したファンドレイザーの募集と併せて，佐賀県とクラウドファンドの利活用に関する連携・協力協定を締結したファンドレイザーには，そのプロジェクトが資金調達に成功した場合，調達額の10％を成功報酬として受け取れる契約としている．

　このような契約を行っている地方自治体は現時点では存在していない．佐賀県はファンドレイザーを活用することで，県内のアントレプレナーへ「場」の提供と支援体制を強化するだけではなく，ファンドレイザーへの成功報酬を約束することで，佐賀県内のクラウドファンド市場の活性化を目指してい

表5　佐賀県契約ファンドレイザーの成功案件一覧

No.	ファンドレイザー	2016年	2017年	2018年
1	クラウドファンディング活用サポートセンター佐賀運営委員会	2	1	0
2	株式会社クラウドファンディング総合研究所（クラファン株式会社）	0	0	9
3	株式会社　佐賀銀行	0	0	2
4	株式会社　ユニコーン	0	0	0
	合計	2	1	11

出所：佐賀県HPデータより筆者作成．

128

る．その点において他の地方自治体に一歩も二歩も先んじていると言える．

5-3-5. コミュニティを重視するファンドレイザー

　先に示したファンドレイザーの成功案件一覧の中で最も多く成功認定を受けている団体に株式会社クラウドファンディング総合研究所（2019年5月にクラファン株式会社と社名変更）がある．クラファン株式会社は，佐賀に拠点を持つ団体であり，CURFUN.JPというクラウドファンディングのプラットフォーマーでもある．

　この団体は関係したプロジェクトのほとんどが支援の目標金額を達成しており，そのプロジェクト成功率は，他のファンドレイザーと明らかに異なっている．

　クラファン株式会社のスタイルの特徴は，起案のサポートやコンサルタントの他にコミュニティ作りを重視している点にある．クラファン株式会社は，佐賀県のクラウドファンディングにおいて既に18件の起案に関係しており，佐賀県の全起案件数の16.98％を占めている．2019年6月の調査時点では，3件が募集期間中であった．内，1件は既に目標金額に達している．終了した15件の内14件について目標金額を達成しており，ファンドレイザーとしての有効性であるブリッジング機能を発揮している事例であると考える（表6）．

　この場合のファンドレイザーの有効性とは，佐賀県内での起案者の持つ既存のコミュニティ以外に，ファンドレイザーが外部のコミュニティとブリッジングを行うことでクラウドファンディング本来の不特定多数から少額の融資を集める資金調達機能を発揮することを示している．そのため地域創生のようなプロジェクトに関してはボンディング（結束型）のコミュニティしか持たないファンドレイザーと比較して，特に都市住民をコミュニティとして形成できるファンドレイザーの活用が適していると考える．

　先のシェアビレッジプロジェクトで明らかにした通り，日本のクラウドファンディング支持者の多くは関東圏の都市居住者である．このインター

表6　クラウドファンディング総合研究所が関わったプロジェクト一覧

プラットフォーム	ジャンル	市	案件名	支援総額(円)	目標金額(円)	支援者(人)	残り(日)	終了日	達成率
CRAFUN.JP	美容・ファッション	佐賀市	暑いとき涼しく、寒いとき暖かい、楽しいとき暖かいニット帽32℃!	161,500	500,000	11	40	2019/8/7	32%
CRAFUN.JP	美容・ファッション	杵島郡	我慢しないで! 腱鞘炎手首サポーターI・II、創業100年の町工場と佐賀大学の共同開発	62,000	300,000	14	38	2019/8/4	20%
Campfire	地方創生	小城市	黄砂を止めよ! 砂漠を緑に! 〜「塩を売って緑を買う男」15年目の挑戦〜	1,088,000	300,000	130	12	2019/7/10	362%
Makuake	その他	佐賀市	腰がつらくて座れない? そんな貴方は「フラット」を装着! 腰を浮かせて座圧軽減!	3,001,000	2,800,000	111	終了	2019/6/27	107%
CRAFUN.JP	フード・ドリンク	佐賀市	本場ナポリが認めた職人のピッツァを、全国の皆さんに届けたい!	381,747	100,000	30	終了	2019/2/5	381%
CRAFUN.JP	フード・ドリンク	杵島郡	安全、安心の佐賀県産有機わけぎを全国のみなさまに食べてもらいたい!	336,500	100,000	29	終了	2019/2/1	336%
CRAFUN.JP	フード・ドリンク	神崎市	噛めば噛むほど味が出る、親鳥肉「せふり鶏」を全国の皆さんに届けたい!	310,000	100,000	39	終了	2019/1/31	310%
CRAFUN.JP	芸術・映画	有田町	話題の「正ガイシ」をクラファン限定デザインで! 日本初親子製造に成功した世界の有田 香蘭社から	321,000	300,000	42	終了	2019/1/16	107%
Makuake	フード・ドリンク	佐賀市	肉屋歴33年! ベテラン職人が手がけた[幻の佐賀牛冬もローストビーフ]がついに解禁	1,689,000	200,000	117	終了	2018/7/30	844%
Campfire	地方創生	太良町	宇宙人のやすらげる家を。月の引力が見える町につくりたい、たらフォーマーズ大募集!	795,620	100,000	58	終了	2018/6/30	795%
Campfire	その他	伊万里市	食べるひとにも育てるひとにもやさしい新・くだもの提案 ―無農薬栽培への挑戦―	433,000	500,000	59	終了	2018/6/30	86%
Campfire	フード・ドリンク	武雄市	「たけおパクチー江口農園の挑戦」毎日の食卓に、エスニック料理を届けたい!	825,000	100,000	129	終了	2018/6/30	825%
Campfire	フード・ドリンク	武雄市	カフェインレス[大豆コーヒー] 佐賀県産の大豆がたっぷり体にやさしく美味しい飲物	425,000	100,000	64	終了	2018/6/30	425%
Campfire	その他	佐賀市	海外進出を目指す人のための活動拠点を九州佐賀に Global Labo	1,102,000	100,000	53	終了	2018/6/30	1102%
Campfire	フード・ドリンク	太良町	絵本とアスパラガスをセットでお届け!! [たべるえほん] プロジェクト	1,101,500	100,000	151	終了	2018/6/30	1101%
Campfire	その他	佐賀市	クラファンの名付け親が教えます! 1689%達成した秘訣と失敗しない実践型成功講座	244,500	30,000	25	終了	2017/8/28	815%
Makuake	教育・セミナー・出版	佐賀市	クラウドファンディングの第1人者「板越ジョージ」から直接学べる実践型1日集中講座	507,000	30,000	29	終了	2017/7/28	1689%
Campfire	芸術・映画	武雄市	日本文化をNYで発信! 楽しく「筆文字絵盛」作りを体験してもらうプロジェクト!	234,500	160,000	40	終了	2015/5/24	146%
総支援額				13,018,867	5,920,000	1,131			527%

出所：各プラットフォーマーHPのデータをもとに著者作成.

ネット上の多くの支持者が関東圏に集中していることを理解することは，クラウドファンディングを起案する際，プロジェクトの成功の鍵となる．

　少額のプロジェクトの場合は，プロジェクトの起案者と密接な関係を持つ友人や友人の友人のような弱い関係性にある相手へと情報伝播され，ボンディング（結束型）のコミュニティでプロジェクトが成立する可能性が高い．

　しかし，地域創生などの調達資金の規模が大きくなると，プロジェクトの起案者と全く利害関係のない第三者からの支援が必要となる．佐賀県のクラウドファンディングの抽出データでも，地域創生のプロジェクト成功率が，地

図8　佐賀県内起案のジャンル別分類目標金額達成・不成立案件数

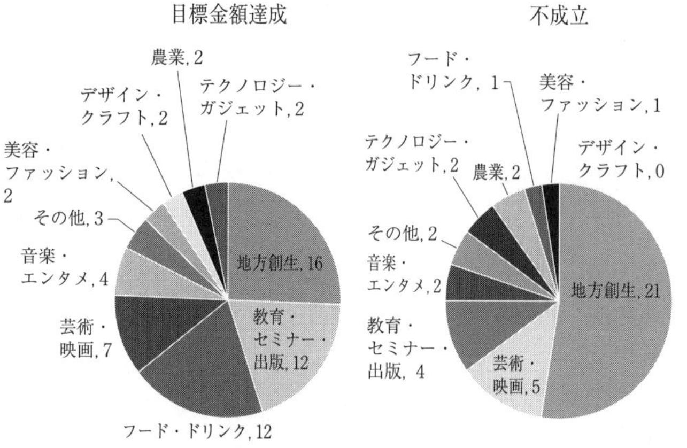

出所：各プラットフォーマー HP のデータをもとに筆者作成．

表7　佐賀県内起案の地方創生プロジェクトの支援金額・目標金額・支援者数一覧

	地方創生（件）		支援金額（円）		目標金額（円）		支援者数（人）	
	成立	不成立	成立	不成立	成立	不成立	成立	不成立
Campfire	8	7	6,300,620	1,897,500	3,260,000	12,520,000	575	224
Readyfor	5	8	6,316,000	記載なし	4,820,000	4,110,000	369	記載なし
Makuake	0	3	0	1,117,208	0	4,806,760	0	146
FAAVO 佐賀	3	3	972,500	128,000	800,000	730,000	135	20
CRAFUN.JP	0	0	0	0	0	0	0	0
合計	16	21	13,589,120	3,142,708	8,880,000	22,166,760	1,079	390

出所：各プラットフォーマー HP のデータをもとに筆者作成．

方創生 42.10％，教育・セミナー・出版 75.00％，フード・ドリンク 85.71％，と他のプロジェクトと比較しても低い結果となっている（図8，表7）．

　デジタル時代は，「つながる力」としてクラウドファンディング，SNS，ソーシャルメディアの活用など新しいツールにより，ネットワークを構築するための不可欠な要素である広範囲への情報伝達が可能になった反面，情報を「つなげる力」としてそれらのツールを使い関東圏にネットワークを持たない地域の起案者が大きなプロジェクトを成功させるには，非常にハードルが高い状況と言える．

　松田（2017）は，情報社会にイノベーションを起こすためのリーダーシップとしてブリッジング・リーダーシップを提唱している．また，パットナム（Putnam 2000）は，ソーシャル・キャピタルの形式で，最も重要なものとして，異質のものを結びつける橋渡し型（ブリッジング）と，同系の者たちを結びつける結束型（ボンディング）の2つのタイプを挙げている．特に血縁，地縁の強い従来の共同体であるボンディングタイプと比較して，異質のものを結びつけるブリッジングタイプは外部資源との連携や情報伝播において優れているとしている．そして，社会的ネットワークおよびそこから生じる互酬性，信頼性の規範である社会関係資本（ソーシャル・キャピタル）が重要であるとも指摘している．

　マーク・グラノヴェター（Granovetter 1973）の弱い紐帯ほど重要で有益をもたらすという「弱い紐帯の強み」では，ネットワークを橋渡しする重要性を指摘しており，ロナルド・S・バート（Burt 1992）が「競争の社会的構造：構造的空隙の理論」で提示したソーシャル・キャピタルがネット上の「構造的空隙（ストラクチャラル・ホール）」によって関係づけられると論じているように，相互のネットワーク間の空隙には必ずこれらをブリッジングする個人や小人数グループが存在し，この存在がネットワークの鍵を握っているとの考えが示されている．このような先行研究が示すとおり，地域創生には，都市住民と地域住民とをつなげるリーダーが重要であり，非常に大きな役割を担っていると考えている．

5-3-6. コミュニティ形成に重点を置く佐賀モデル

クラウドファンディング総合研究所（現クラファン株式会社）は，クラウドファンド起案者の養成スクールを運営しており，クラウドファンディングのプラットフォーマーでもある．また，主催者である板越は，Facebook やTwitter を中心に 5,000 人〜 8,000 人のネットワークコミュニティを抱えている．クラファン株式会社の特徴は，クラウドファンディングの特性を，資金調達機能以外にコミュニティ形成によるマーケティングと広告と捉えている点にある．

クラウドファンディングのプラットフォーマーの中にもコミュニティを宣伝している企業もあるが，実際にコミュニケーションをとり，クラウドファンドを応援するコミュニティを形成している企業は例をみない．

このコミュニティは，デジタル時代を反映して，SNS を中心としたバーチャルなコミュニティである．コミュニティの重要性をマーケティングと広告の観点からみると，地域の企業が全国市場へ販路を拡大するためのマーケティングを実際に行うと大きなコスト負担が課題となるが，クラウドファンディングであれば，全国への広告を安価に，顧客見込みの高いコミュニティへ行うことが可能である．指向性を持った情報発信が可能なツールはビジネス的にメリットが大きなものがある．これは資金力や外部ネットワークを持たない地域のベンチャー企業には非常に有効な手段となる．

不特定多数への情報拡散についてはこれまでも HP や SNS を通じて行った事例は多いが，実際の効果が薄いことは地方自治体の地域創生政策の結果からも既に明らかである．クラウドファンディングはインターネットを通じて不特定多数から少額の資金融資を受けることができると説明されることが多いが，その情報を必要としている人やコミュニティに向けて発信されなければ意味をなさない．実際 2018 年に板越の実施した佐賀県での取り組みでは，同時に 5 団体のクラウドファンディング「佐賀県の魅力を発信するプロジェクト佐賀 5 クラファン」を世界初と称して起案した．これらのプロジェクトは開始当日にすべての団体が目標金額を達成している．その後も東京，

表 8　佐賀県の魅力を発信するプロジェクト佐賀 5 クラファン

No.	プロジェクト名	調達金額	目標金額	達成率	支援者
1	海外進出を目指す人のための活動拠点を九州佐賀につくります！Global Labo	1,102,000	100,000	1102%	53
2	『たけおパクチー江口農園の挑戦』毎日の食卓に，エスニック料理を届けたい！	825,000	100,000	825%	129
3	宇宙人のやすらげる家を，月の引力が見える町につくりたい．たらフォーマーズ募集！	795,620	100,000	796%	58
4	絵本とアスパラガスをセットでお届け!!　『たべるえほん』プロジェクト	1,101,500	100,000	1102%	151
5	カフェインレス【大豆コーヒー】佐賀県産の大豆がたっぷり体にやさしい美味しい飲物	425,600	100,000	426%	64
	合計	4,249,720	500,000	850%	455

出所：CRAFUN.JP のデータをもとに筆者作成．

大阪を中心にイベントプロモーションを行っている．2018 年 5 月 19 日から開始したクラウドファンディングは，最終的に支援者総数 455 人，支援総額 4,249,720 円と目標金額 500,000 円を大きく上回る結果となった（表 8）．

　この事例で得られた知見は，クラウドファンディングの主な資金提供者である都市住民を，SNS を使ってバーチャルコミュニティに纏めることで，馴染みのない地域プロジェクトでも成立することを証明したことである．また，プロジェクトの成功を目標金額の達成の他に，販路拡大や広告としてのテストマーケティングとして有効利用している点があげられる．

　クラウドファンディングのプロジェクトで支援者となったコミュニティがプロジェクト終了後も継続して，商品を購入する顧客となることでスタートアップ後の事業の継続性を担保することが可能となる．このようにクラウドファンディングは資金調達機能の他に，コミュニティ形成機能を有していることが分かる．

　著者はこの佐賀県のクラウドファンディングによる成功モデルを「佐賀モデル」と呼ぶが，これはデジタル時代におけるコミュニティのあり方として，今後の地域創生活動で活用されていく手法になると考えている．

6. 考　　察

6-1. カレー坊主

　ケース1の大村のカレー坊主の事例で明らかにしたことは，カレーと仏というモノガタリで共感を得ることで旧来のしがらみを超えて大きなイノベーションを起こす成長モデルとなり得ることである．吉田の「仏を身近に感じて欲しい」という取り組みが，身近な国民食であるカレーという共通のコンテキストを活用することで参加者側での心理的安全空間の形成を促したプロセスであった．一方で，吉田のユニークな取り組みが，僧侶側の心理的安全空間を拡張し，宗派の壁を超えた取り組みに成長している点に注目すべきである．

　仏の教えをベースとしたコンテキストでは，宗派ごとに相容れない境界線が存在するため，これまで連携や共創という取り組みに発展することは稀であった．吉田の強みは，「カレーという国民食と同じく仏さまを身近に感じて欲しい」というコンテキストを用いた点に僧侶側の心理的安全空間の拡張と宗派の壁を越える可能性を見出した点である．このように利害関係の存在が比較的少ないと考えられるSNSを使った個人または，コミュニティにおいて，モノガタリの活用で，共感を呼び本来つながることがなかった異なるコミュニティをブリッジングする特性を1つの事例を通じて明らかとした（図9）．

　その対象として日本で最も古いと考えられる組織の1つである仏教を取り上げ，カレーという日本のだれもが知る国民食を使って，宗派を超えた活動に成長させている吉田の事例が示した通り，宗派という壁を越えた連携を生み出すリーダーシップは，異なる個人やコミュニティを橋渡ししてイノベーションを起こしていくリーダーシップとして今後は多くの組織で重要なスキルとなると予測している．

図 9　異なるコミュニティをブリッジングする成長モデルイメージ

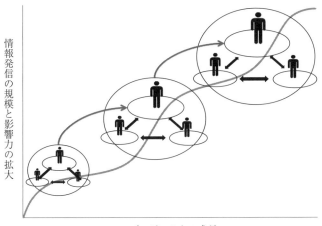

情報発信の規模と影響力の拡大

プロジェクトの成長

出所：筆者作成.

6-2. シェアビレッジ

　ケース 2 では，地方の古民家を村と見立てることで，都市住民のバーチャルなコミュニティを地域のリアルなコミュニティへブリッジングし，都市住民と地域住民がお互いに不足するリソースを相互補完し合うエコシステムの構築事例であった．このエコシステムの構築をクラウドファンディングの「つなげる力」と「成長モノガタリ」を活用することで実現させた武田のシェアビレッジプロジェクトを考察した．先にも述べた通り，このプロジェクトが成功した背景には，SNS を活用して都市住民のバーチャルコミュニティ形成に成功した点だけでなく，村の成長・育成モノガタリに対して多くの共感を集め，結果として資金調達に成功したことであった．

　一方でこのケースではコミュニティ間の情報のやり取りが主にプロジェクトの中心である村長の武田を介して行われるモデルであったことが，村の拡大を結果的に阻害したのではないかと考えている．そのため，100 万人と目論んだ当初の大目標は，古民家 2 軒，村民 2,500 人での停滞を余儀なくされている．シェアビレッジプロジェクトの事例にみられる停滞は，松田の研究

136

をもとにして地域住民と都市住民とのコミュニティ形成を調査した小池ら（2018）の研究で示された通り，地域の同質的結びつきのコミュニティと「個」と「個」のつながりである都市住民の異質なコミュニティをブリッジングするには，当初は中心となる運営者を介する必要となる点が挙げられる．

　つまり，都市住民のコミュニティ構成員が，運営者の介在なしに直接，地域コミュニティ構成員との関係性を構築することができない場合，情報の伝達が偏り，全体としてのコミュニティの拡大や発展への寄与は少なくなると考える．そのため，本来のお互いに不足するリソースの相互補完の機能を有効に作用することができなくなり，組織は一定規模にとどまると考えられる．

　実際，2020年4月30日にシェアビレッジのHPに次のような記事が掲載されている．「リアルとバーチャルを横断しながら，誰もが自分の村を持てる世界をつくるという原点へ立ち戻り，拠点数・村民数の拡大による大きな村を目指すのではなく，手触り感を持って一人ひとりが関われる小さな村が

図10　シェアビレッジプロジェクトにおける構造

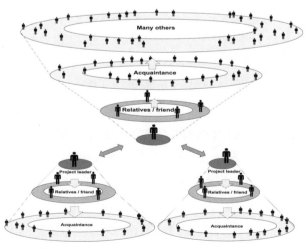

出所：筆者作成．

複数生まれ，それぞれがゆるやかにつながっていく環境づくりを目指して参ります」．

　常に新しい成長モノガタリ提示し，奇抜なキャッチコピーによって新規の村民を募集し新たに村を開くには，特定の人物を介したコミュニケーションに依存するモデルでは，リアルな情報伝達に限界が生じてくると考察する．

　バーチャルをリアルへ変換するモデルの脆弱さが規模の維持に耐えられないという構造的問題をいかに解決していくか今後も注目していきたい．

6-3. 佐賀モデル

　異なるコミュニティをブリッジングするリーダーシップを発揮するファンドレイザーの存在が有効である事例を考察した．この佐賀県の「クラウドファンドの利活用に関する連携・協力協定」を締結した団体は，クラウドファンディング活用サポートセンター佐賀運営委員会3件114％〜135.3％，クラファン株式会社9件107％〜1,102％，佐賀銀行673.8％〜1,241％と高い達成率を示しており，都市住民と地域の起案者をブリッジングするファンドレイザーの存在が有効であることが明らかとなった．

　特にクラファン株式会社の都市住民と地域住民のコミュニティを重視する「佐賀モデル」は，「佐賀県の魅力を発信するプロジェクト佐賀5クラファン」で目標達成率850％という結果を出しており，他の関連したプロジェクトでも平均527％の達成率であった．この佐賀5クラファンはその後も起案者を変えて継続しており，そのほとんどは，支援者のコミュニティが輩出した起案者であったと板越は説明している．板越のコミュニティから生まれた模倣者は，元々のコミュニティとは別の独自のコミュニティを形成するが，板越のコミュニティとの連携を保ってお互いに興味のある他のクラウドファンディングへ支援をする構造となっている．これまでのクラウドファンディングの支援者の構造では第三層は全くの関係性のない第三者ということが定説であったが，「佐賀モデル」では，起案者との関係性がない第三者の層が，クラウドファンディングの支援者というくくりでは，関係性を持っているこ

138

とが分かる．ケース1，2と同様にケース3でもモノガタリの活用が重要であり，特に都市生活者を巻き込んだ参加型のサクセス・ストーリーは，同じコミュニティ内から模倣者が出現することで，新しいコミュニティとのブリッジングによる成長とメンバー同士のコミュニケーションが成立する．これによってケース2で示した特定の人物を介したコミュニケーションに依存するモデルで問題となったリアルな情報伝達における限界を緩和させ，規模拡大に伴うバーチャルをリアルへ変換するモデルの脆弱さという構造的問題の解決を示していた．（図11）．

　「佐賀モデル」において，ファンドレイザーの形成したコミュニティ内では，模倣者が出現しており，その模倣者を支援するコミュニティが生じることで元のコミュニティの拡大が生じる．またフォロワーの3層構造においても，従来の関係性のない第三者が共感により支援するという考えとは異なり，コミュニティ形成の過程において，利害関係のない第3層との関係性を生じさせることで，より支援を受けやすい状況へ作用していると予想される．このように，共感するモノガタリで構成されたコミュニティ内部での模倣者の出現とそのコミュニティをブリッジングする機能が有効に働くこと

図11　佐賀モデルにおける構造

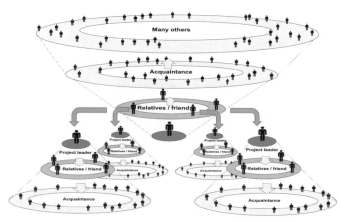

出所：筆者作成．

で，コミュニティは拡張することを明らかにした．また，その関係性は，オピニオン・リーダーシップで指摘されているリーダーと非リーダーの収斂型コミュニケーションとは異なり，拡張型コミュケーションであると考える．

お わ り に

　本章では，人口減少に伴う地域経済の停滞をクラウドファンディングに取り組むことで活性化させようと試みている複数の事例をもとに，クラウドファンディングの資金調達機能以外の特徴であるネットワーク化の機能とネットワークの活性化に不可欠な外部のコミュニティとのブリッジングの有効性について論じてきた．SNS など携帯通信機器で，安価に情報発信が可能となったが，その情報を適切なコミュニティにブリッジングすることが地域創造のクラウドファンディングを成功に導く要因であることを提示した．

　このブリッジングという視点とモノガタリによる共感とがプロジェクトの成否に関わってくると考える．また，人口の減少と高齢化が進む現代においては，都市の住民と地域の住民をブリッジングすることによってコミュニティの創造を促すリーダーシップが，デジタル時代のコミュニケーションによって，新型コロナウイルス発生以降の世界でどのように非接触によるコミュニティ形成へ成長していくかに注目していきたい．それは，将来，地域創造するリーダーにとって重要なスキルとなると考える．

1) 　ケース 1 での吉田の取り組みに関する記述は，プロジェクト主催者である吉田へのインタビューに基づくものである．インタビューは東銀座のナイルレストランにて 2019 年 1 月 24 日（11：00 ～ 12：30）に，筆者が吉田と一対一の対面による面接方式にて実施した．
2) 　ケース 2 でのシェアビレッジに関する記述は，プロジェクト主催者である武田へのインタビューに基づくものである．インタビューは学芸大学 GRANDCRU にて 2016 年 6 月 14 日（15：00 ～ 19：00）に筆者が武田と一対一の対面による

　　　面接方式にて実施した.

3)　ケース3での佐賀県の取り組みに関する記述は，プラットフォーマーであり，佐賀県の認定ファンドレイザーであるクラファン株式会社代表取締役社長・板越ジョージへのインタビューに基づくものである．インタビューは日本橋のクラファン株式会社の東京本社にて 2019 年 6 月 16 日（15 : 00 ～ 16 : 30）に筆者が板越と一対一の対面による面接方式にて実施した.

参 考 文 献

小池リリ子・瀬田史彦・小泉秀樹（2018）「「シェアビレッジ・プロジェクト」がコミュニティ形成に与える影響に関する考察」（『都市計画論文集』53 巻 3 号）1161-1168 頁.

庄野徹（2010）「ネオ・デジタルネイティブの誕生と進化」（橋元義明編『日本人の情報行動 2010』）東京大学出版会.

ドン・タプスコット（1998）「デジタルチルドレン」ソフトバンククリエイティブ.

野中郁次郎・紺野登（2012）『知識創造経営のプリンシパル』東洋経済新報社，106 頁.

原田保（2013）「地域デザインの戦略的展開に向けた分析視角―生活価値発現のための地域のコンテクスト活用―」（地域デザイン学会誌『地域デザイン』No. 1）15 頁.

藤本学・大坊郁夫（2007）「コミュニケーション・スキルに関する諸因子の階層構造への統合の試み」（『パーソナリティ研究』15）347-361 頁 .

松田壮史（2017）「ソーシャルネットワークを活用した都市住民と地域住民をブリッジングする新しい地域デザイン」（地域デザイン学会誌『地域デザイン』No. 9）175-192 頁.

松田壮史（2018）「デジタル革命における「つなげる力」としてのストーリーという視点について―地方創生事例からの考察―」（政策文化総合研究所研究叢書 23 大橋正和編著『デジタル革命によるソーシャルデザインの研究』）中央大学出版部，177-199 頁.

山本純子（2014）『入門　クラウドファンディング』日本実業出版社.

Burt, Ronald, S.（1992）*Structural Holes-The Social Structure of Competition*, Harvard University Press（安田雪訳（2006）『競争の社会的構造：構造的空隙の理論』新曜社）.

Granovetter, Mark（1973）"The Strength of Weak Ties," *American Journal of Sociology*, Vol. 78, pp. 1360-1380（野沢慎司編・監訳（2006）『リーディングス　ネットワーク論―家族・コミュニティ・社会関係資本』勁草書房）.

Prensky, M.（2001）DigitalNatives, DigitalImmigrants, *OntheHorizon*, NCB university Press.

Putnam, R. D.（2000）*Bowling Alone: The Collapse and Revival of American Community*, Simon & Schuster（柴内康文訳（2006）『孤独なボウリング』柏書房）.

クラウドファンディング総合研究 HP　https://peraichi.com/landing_pages/view/crafunregionalcreation（2019. 6. 28 最終アクセス）.

クラファン株式会社 HP　https://crafun.co.jp（2020. 4. 28 最終アクセス）.

経済産業省 HP「地方版 IoT 推進ラボ」第三弾選定として 21 地域を選定しました！ http://www.meti.go.jp/press/2017/08/20170807002/20170807002.html（2017. 12. 27 最終アクセス）.

国立社会保障・人口問題研究所 HP　日本の地域別将来推計人口（平成 30（2018）年推計）http://www.ipss.go.jp/pp-shicyoson/j/shicyoson18/t-page.asp（2019. 6. 28 最終アクセス）.

佐賀県 HP　クラウドファンディングの利活用に関する連携・協力協定締結先一覧 https://www.pref.saga.lg.jp/kiji00363096/index.html（2020. 4. 28 最終アクセス）.

佐賀県 HP　県内企業等のクラウドファンディング利活用を促進するファンドレーザーを募集しています．https://www.pref.saga.lg.jp/kiji00363094/index.html（2020. 4. 28 最終アクセス）.

佐賀県さが統計情報館 HP　https://www.pref.saga.lg.jp/toukei/list01601.html（2020. 4. 28 最終アクセス）.

シェアビレッジ HP　https://sharevillage.jp（2020. 4. 28 最終アクセス）.

全日本仏教青年会 HP　http://www.jyba.ne.jp（2020. 4. 28 最終アクセス）.

FAAVO HP　高校生の挑戦！国産初のグレープフルーツ「さがんルビー」を商品化したい！　https://faavo.jp/karatsu/project/931（2020. 4. 28 最終アクセス）.

文化庁 HP　宗教統計調査 https://www.e-stat.go.jp/stat-search/files?page=1&layout=datalist&toukei=00401101&tstat=000001018471&cycle=0&tclass1=000001124015&survey=宗教統計調査 &result_page=1&second2=1（2020. 4. 28 最終アクセス）.

ペライチ HP　活動報告 GROBAL LABO クラファンチャレンジ佐賀 5 起案合同クラファンチャレンジ https://peraichi.com/landing_pages/view/cfglhoukoku（2020. 4. 28 最終アクセス）.

第 6 章

日米中における越境 EC 実態の考察と
ビジネスモデル解析

荘　秀　文

は じ め に

　近年インターネットとスマートデバイスの普及により，電子商取引（以下 EC）は日常の一部になっている．また，日本で個人消費は縮小する傾向にあり，なお少子高齢化が進む中，総務省の国勢調査で 2060 年の総人口は現在の 68％まで減少すると予測している．新たな顧客を取り込むためには海外進出せざるを得なくなっている．さらに，世界中においても，LCC の普及や短期滞在ビザ免除など「人」が移動しやすくなることで「国境」という観念が薄くなりつつある．

　2015 年には越境 EC の利用経験者が世界各国で 30 ～ 80％にのぼり，越境 EC が既に特別なことではなく，生活の一環になりつつあることを示している．その背景には自由貿易協定の進展，インターネットとスマートデバイスの普及と物流環境の改善がある．また，越境 EC の消費者は文化，消費習慣，環境などが異なっていることから，消費者行動モデルも多様なので，消費者の物理環境からの影響を受け，消費者行動を分類する．本章では，越境 EC の現状と消費者の購買傾向を考察し，ビジネスモデルを分析する．

1. 越境 EC の現状

1–1. 国内 EC の現状

インターネット決済技術の進歩，スマートデバイスの進化により，EC に対する抵抗が低減した．2013 年 EC 利用率は日本の消費者は 87.1％，米国の消費者は 87.3％，中国の消費者は 95.5％と経済産業省の調査でわかった．

上記 3 ヶ国の EC を利用する主要な理由は以下のとおりである．

① 日本：実店舗で買うより価格が安い，店舗までの移動時間が不要，営業時間を気にしない，ポイントなどの特典がつく．

② 米国：店舗までの移動時間が不要，営業時間を気にしない，一般の商店で買えない商品とサービスの購入ができる，検索機能などにより欲しい商品を探しやすい．

③ 中国：実店舗で買うより価格が安い，商品を購入した消費者の評価がわかる，購入商品の持ち帰りや配送に手間がかからない．

日本と中国は価格の安さを重視しているが，忙しい日本人と国土が広い米国は店舗までの移動時間と営業時間を気にせず買い物ができるという「買い物に伴う利便性」を重視する傾向にある．また，中国の EC は偽物や詐欺が他国と比べて多いと言われている背景から，「商品や店舗への信頼性」，「物流に関する利便性」などを意識していることがわかる．

日本の BtoC 市場商品種類を物販系分野，サービス分野とデジタル分野の 3 つに分類する．表 2 では物販類分野とサービス分野は市場の 9 割を占めており，デジタル分野は市場の 1 割しかないのだが，伸び率は一番高く，今後の伸びは期待できると推測できたが，表 3 ではサービス分野の伸び率が高く，2017 年のプレミアムフライデーと 2018 年の働き方改革の施行により，需要が伸びたと言えよう．

表1　日本，米国，中国各国におけるECマクロ環境

	日本	米国	中国
総人口（2017年）	1億2,604万人	3億2,647万人	13億8,823万人
1人あたりGDP（2017年）	38,428ドル	59,531ドル	8,827ドル
インターネット人口（2017年）	1億179万人	2億4,551万人	7億5,381万人
インターネット普及率（2017年）	80.9%	75.2%	54.3%
モバイル契約数（2017年）	1億7,013万台	3億9,588万台	14億7,410万台
EC市場総額（2018年）	1,093億USドル	5,232億USドル	15,267億USドル
EC金額／ネット使用者1人あたり（年間）	921USドル	1,675USドル	1,862USドル
ネットワーク整備指数	10位	5位	59位

出所：経済産業省『平成30年度我が国におけるデータ駆動型社会に係る基盤整備（電子商取引に関する市場調査)』より筆者作成

表2　2013-2014年におけるBtoC-EC規模及び各分野の構成比率

（単位：億円）

	2013年	2014年	伸び率
物販類分野	59,931（EC化率3.85%）	68,042（EC化率4.37%）	13.5%
サービス分野	40,710	44,816	10.1%
デジタル分野	11,019	15,111	37.1%
総計	111.660	127.970	14.6%

出所：経済産業省『平成26年度我が国におけるデータ駆動型社会に係る基盤整備（電子商取引に関する市場調査)』より筆者作成

表3　2017-2018年におけるBtoC-EC規模及び各分野の構成比率

（単位：億円）

	2017年	2018年	伸び率
物販類分野	86,008（EC化率5.79%）	92,992（EC化率6.22%）	8.12%
サービス分野	59,568	66,471	11.59%
デジタル分野	19,478	20,382	4.6%
総計	165,054	179,845	8.96%

出所：経済産業省『平成30年度我が国におけるデータ駆動型社会に係る基盤整備（電子商取引に関する市場調査)』より筆者作成

1-2. 越境 EC の現状

越境 EC の進出方法は大きく３つに分けられる．１つ目は自社でウェブサイトを作成し，取引を行う．この方法はサイト構築，維持，言語コストが高くなるが，商品説明，他社のサイトとの区別，消費者に対してケアしやすいなどの利点がある．２つ目は現地のインターネットショッピングモールに出店する方法である．ショッピングモールの代表は米国の eBay と中国の天猫（T-mall）などがあり，この場合は言語の問題さえクリアできれば，出店のハードルは低いのだが，欠点は他社サイトとの差別化ができないこと，売上総額に比例して手数料が高くなること，決められたサイトのフォームの中で商品情報を提供するのが比較的困難ということである．３つ目は自国の海外サービス対応インターネットショッピングモールに出店する方法．この場合はホームページが自国語であり，あくまでも自国消費者向けであって，越境 EC の取引は自国語ができる消費者のみになる．越境の取引についてノウハウが少ない業者にはインターネットショッピングモール側から海外発送などについてのサポートを受けられる利点があるのだが，プラットフォーム提供者側の方針に左右される場合がある．

越境 EC のメリットは大きく４種類に分けられる．①小規模事業者でも進出しやすく，現地で出店したり，輸出したり，代理店を見つけたりする必要がない．②インターネットサイトを通じてのやり取りなので，実際に現地で出店するより人件費など，コストが低いなどの利点があり，インターフェイスと言語の問題を解決すれば，出店可能である．③１つのチャンネルで同時に複数の国の消費者に利用してもらえる．インターネットは無国境なので，世界中でサイトの使用言語ができる人が消費のターゲットになる．④直接取引をするので，海外消費者の反応が直接わかる．BtoC サイトなので，事業者側は，従来の輸出ではわかりかねる海外消費者の反応が直接わかり，消費者のケアはもちろんのこと，製品改良にも繋がる．

越境 EC において，主なデメリットとリスクをまとめた．まず，決済方法である．EC の一般的決済はクレジットカードやデビットカードが多数だが，

クレジットカードが普及していない国と取引する場合は売上金の受取方法の問題をクリアしなければいけない．近年，アメリカでクレジットカードの使用がセンシティブになってきており，その環境の中「マネートランスファー（資金移動）サービス業者」が広く普及している．世界最大手は米国の「PayPal」で，自分のクレジットカードやデビットカードと連動することも可能で，支払いによって個人情報が個別販売店に渡ることは原則的にない．売り手側もクレジットカードの手数料を軽減できる利点があり，またクレジットカードを扱えない中小販売店やクレジットカードを所持できないユーザーも簡単に利用できる．中国はクレジットカードを使用する習慣がなく，アリババグループの「アリペイ」，「WeChat Pay」などの第三者決済が多数で，米国ではクレジットカードと「PayPal」が主流となっている．

　次に，トラブルが発生した場合は消費者の居住する国の法律を適用することが一般的であるため，訴訟になった場合は当該国で行うので，自国の場合より数倍の費用がかかる．さらに，越境 EC の場合では輸出扱いにされるので，消費者の国の関税は消費者の負担になる．購入される際に関税についての告知が不足していたり，消費者の認知と食い違ったりする場合はトラブルの原因になる．中国は現在「保税区」というスペシャルエリアを設置している．「保税区」とは中国政府の指定したエリアの中に商品倉庫を設置，受注した際に保税区から発送できるシステムである．保税区の利点は品質保証，リードタイムの短縮，返品・交換などの対応，価格の優位性などが挙げられる．そして，輸入制限は国によって異なるので，売り手側の国では販売できるものが他国では販売制限に反する場合は取引自体できないため，返金・返品などの対応だけでなく，法律上の問題も発生する．

　最後に，発送は国際配送になるので，商品が消費者の手元に届くまでの間にトラブルは発生しやすくなる．トラブルの原因としては，商品が届かない，運送途中の破損，届いたのに中身が違う，などが挙げられる．

　消費者が越境 EC を行うにあたり，情報取得方法については経済産業省調査では以下のようである．日本の消費者は①「検索エンジンによる検索結果

ページ」26.5%，②「口コミサイト」23.8％，③「インターネット広告」23.2%．米国の消費者は①「レビューサイト」26.6%，②「検索エンジンによる検索結果ページ」22.5%，③「インターネット広告」18.9%．中国の消費者は①「インターネット広告」44.0%，②「レビューサイト」34.7%，③「検索エンジンによる検索結果ページ」32.8%．

　3ヶ国とも上位に入る「インターネット広告」について，中国は他の2ヶ国と比べ，重視されていることがわかる．インターネット広告は種類が多様であるが，その中でも検索結果のページと一緒に表示されるリスティング広告は比較的効果があり，その上広告費用の発生は広告が表示された際ではなく，消費者がクリックして自社のサイトを見た時や，購入した時など，事業者側の判断で設定できるため，中小企業にも利用しやすい．世界中広く使われる Google はこの料金計算方法である．また，「ミニブログ」，「知人からの紹介」の項目において中国は 21.5%で，日本の 13.5%と米国の 13.0%を上回る結果であったので，中国消費者が自分が信用できる知人，もしくは憧れる著名人の意見を特に重視することがわかった．日米中の3ヶ国で共通しているのはオンライン広告と口コミを重視していることだが，中国はリアルネットワークからの情報も合わせて参考にしている傾向がより強く見られる．

2. 日米中3ヶ国の商品購入嗜好分析

2-1. 物販系分野の日米中消費者の購入トップ3

　日本の消費者が米国から購入する商品は「書籍・雑誌」の割合が最も高く，次に「音楽，映像のソフト」で，3位は「パソコンなどの電子機器」となっている．日本の消費者は自国で入手できないものを海外から購入する傾向が見られる．また，中国からの購入はサンプル数が少ないため，参考値として留意されたい．米国の消費者については「AV 機器」と「衣類，アクセサリー」が日中両方とも上位に入っているので，米国の消費者はブランド志

表4　物販系分野の日米中消費者の購入トップ3

	日本からの購入	米国からの購入	中国からの購入
日本の消費者		①「書籍，雑誌」32.8% ②「音楽，映像のソフト」27.5% ③「パソコン，通信機器，周辺機器」21.4%	①「パソコン，通信機器，周辺機器」41.2% ②「衣類，アクセサリー」41.2% ③「雑貨，家具，インテリア」35.3%
米国の消費者	①「AV 機器」28.1% ②「パソコン，通信機器，周辺機器」28.1% ③「衣類，アクセサリー」28.1%		①「衣類，アクセサリー」56.9% ②「書籍，雑誌」47.4% ③「音楽，映像のソフト」39.0%
中国の消費者	①「食品，飲料，酒類」38.5% ②「衣類，アクセサリー」32.9% ③「生活家電」27.8%	①「衣類，アクセサリー」40.4% ②「医薬，化粧品」30.9% ③「パソコン，通信機器，周辺機器」29.0%	

出所：経済産業省『平成 26 年度我が国におけるデータ駆動型社会に係る基盤整備（電子商取引に関する市場調査)』より筆者作成

向ではなく，安くて良いものを追求していることが推測できる．中国の消費者については「衣類，アクセサリー」が上位に入っていて，中国の消費者は「海外製」と「国内で購入できない」ものを海外で入手する傾向が見られる．また，日本からの購入で1位になった「食品，飲料，酒類」には中国の食品偽装問題への不安と日本食品の安全性への信頼度の高さが見られる．また，米国からの購入で「医薬，化粧品」が第2位にランクインした理由は自国で購入するより安い，自国内で入手できないことと米国が日本より医薬品のネット販売規制が強いことである．

2-2. デジタル系分野の日米中消費者の購入トップ3

　中国消費者に関しては「音楽データ・サービス」と「ゲームコンテンツ」が上位になっていて，モバイルデバイスの普及につれて増えつつあると考えられる．またデジタル分野に関しては，日米とも他の両国からの購入サンプル数が少ないため，参考値として捉えてもらいたい．しかし，その中で注目

150

したい点は 3 ケ国とも「過去 1 年間購入なし」の回答が高い比率であったことである. デジタルコンテンツといった形ないものを購入するという行動は越境 EC では市場が小さいのだが，これから先は市場が大きく成長することが予測される.

表5　コンテンツの日米中消費者の購入トップ 3

	日本からの購入	米国からの購入	中国からの購入
日本の消費者		①「音楽データサービス」37.7% ②「ゲームコンテンツ」26.1% ③「電子書籍」21.7% ※「過去 1 年間購入なし」17.4%	①「電子書籍」42.9% ②「ビデオ，映像データサービス」42.9% ③「情報提供サービス」42.9% ④「教育系 web サービス」42.9% ⑤「上記ジャンル以外のアプリケーション」42.9% ※「過去 1 年間購入なし」57.1%
米国の消費者	①「ゲームコンテンツ」25.0% ②「電子書籍」20.2% ③「音楽データサービス」19.4% ※「過去 1 年間購入なし」22.6%		①「ゲームコンテンツ」26.0% ②「上記ジャンル以外のアプリケーション」18.3% ③「情報提供サービス」14.4% ※「過去 1 年間購入なし」39.4%
中国の消費者	①「音楽データサービス」34.4% ②「電子書籍」28.5% ③「ゲームコンテンツ」27.6% ※「過去 1 年間購入なし」24.0%	①「音楽データサービス」29.6% ②「ゲームコンテンツ」27.2% ③「ビデオ，映像データサービス」26.8% ※「過去 1 年間購入なし」20.7%	

出所：経済産業省『平成 26 年度我が国におけるデータ駆動型社会に係る基盤整備（電子商取引に関する市場調査）』より筆者作成

2-3. サービス分野の日米中消費者の購入トップ 3

　中国消費者に関しては日米とも「旅行サービス」と「各種チケット」が上位にランクインした．中国では海外旅行が自分自身のステータスと考えている人が多く，海外旅行には積極的で，また旅行するにあたり，各種チケットが必要になってくるので，上位 2 種類は相乗関係である．またサービス分野に関しても，日米とも他の両国からの購入サンプル数が少ないため，参考値として捉えてもらいたい．しかし，その中で注目したい点は日米が他両国に対し「過去 1 年間購入なし」の回答比率が高いことである．海外からサービス商品を購入するより自国で手配できるので，EC サイトで購入する必要が低いと予測される．

表 6　サービスの日米中消費者の購入トップ 3

	日本からの購入	米国からの購入	中国からの購入
日本の消費者		①「各種チケット」12.7% ②「各種クーポン券」12.7% ③「飲食サービス」11.4% ※「過去 1 年間購入なし」68.4%	①「教育サービス」40.0% ②「飲食サービス」30.0% ③「各種クーポン券」30.0% ④「住居関連サービス」30.0% ⑤「金融サービス」30.0% ※「過去 1 年間購入なし」60.0%
米国の消費者	①「飲食サービス」27.4% ②「各種クーポン券」27.4% ③「旅行サービス」26.4% ※「過去 1 年間購入なし」23.6%		①「教育サービス」40.0% ②「飲食サービス」30.0% ③「各種クーポン券」30.0% ④「住居関連サービス」30.0% ⑤「金融サービス」30.0% ※「過去 1 年間購入なし」60.0%
中国の消費者	①「旅行サービス」30.9% ②「飲食サービス」30.5% ③「各種チケット」28.0% ※「過去 1 年間購入なし」19.9%	①「旅行サービス」33.5% ②「各種チケット」27.5% ③「各種クーポン券」23.8% ※「過去 1 年間購入なし」25.1%	

出所：経済産業省『平成 26 年度我が国におけるデータ駆動型社会に係る基盤整備（電子商取引に関する市場調査)』より筆者作成

2-4. 日米中の越境 EC──SWOT 分析

①日本：インターネット上は無国境であるため，決済，言語と物流環境を
クリアできれば，越境 EC はますます成長するであろう．また，近年「クー
ルジャパン」と称されているサブカルチャー商品（ゲーム，漫画，アニメなど
のホビー商品）は人気高騰中で，米中の売上高が同程度になるほど世界中の
注目を集めている．それから，日本国内で製造販売したホビー商品はライセ
ンス契約の縛りで他国で販売できなかったり，肌の露出が多いホビー商品は
他国の制限で販売できないことも多々あるため越境 EC が多用されている．
「クールジャパン」で特にホットな商品はゲーム関連製品で，すでに任天堂，
SONY の PS シリーズなどが世界中で不動の人気を誇っているが，スマート
デバイスの普及によりゲームアプリ市場は増大する一方である．例えば，
GungHo 社のゲームアプリ「パズドラ」は世界ゲームアプリ部門で世界一の
売上で月間収益は推定 100 億円あり，「LINE」は世界非ゲームアプリ部門で
世界一の売上高で月間収益は推定 20 億円にのぼる（App Annie Index: Games -

表 7　日米中の SWOT 分析

	日本	米国	中国
日本の越境 EC 業者		強み：サブカルチャー 　　　商品 弱み：物理的距離 機会：円安，ゲームア 　　　プリ 脅威：客層	強み：品質 弱み：物流システム 機会：円安，インバウ 　　　ンド 脅威：政府による検閲， 　　　規制
米国の越境 EC 業者	強み：品揃え 弱み：丁寧さ 機会：アメリカンド 　　　リーム 脅威：他国の進出		強み：小売規模，品揃 　　　え 弱み：政治的感情 機会：価格，インバウ 　　　ンド 脅威：アジア諸国
中国の越境 EC 業者	強み：直出荷 弱み：物流環境 機会：地理環境 脅威：政府による検閲， 　　　規制	強み：直出荷 弱み：物流環境 機会：品質向上 脅威：政府による検査， 　　　規制	

出所：筆者作成

Temple Run 2, Puzzle & Dragons Dominate the Charts, 2013).

　②米国：国土が広い米国はかねてより国内 EC が普及しており, ノウハウ
を積んできた. 自国語の英語は世界共通言語であるため, 越境 EC 参入する
にあたり, 販売側の抵抗が比較的少なく, 海外発送機能を加えただけという
業者もいる. また APEC 加盟国からは化粧品の購入率が高くなっていて,
製品の安全性と品質の高さが人気の源であるようだ. しかし, おおらかな性
格から発送する際に商品の梱包の丁寧さが不足し, 届いた際に中身は無傷で
も梱包箱が汚れたり, 破損したりしていたら, 日中の消費者の不満を招くの
で, アジア諸国を相手にするには少し改善する必要があると考えられる.

　③中国：中国での越境 BtoC で購入した商品が中国に郵送される際は「直
送モデル」と「保税区モデル」がある.「直送モデル」とは海外 EC 事業者
が中国の消費者から注文を受けるたびに商品を航空貨物便などで輸出するこ
とで, 通関手続きが数週間かかり, 商品が消費者に届くまでに 1 ヶ月かかる
ケースもある.「保税区モデル」は保税区の倉庫を活用して時間とコストを
節約できる. 海外事業者はコンテナ船などを利用して, 一度にまとめて商品
を安く中国へ送り, 通関手続きをしないまま中国国内の保税倉庫に保管す
る. 中国の消費者から注文を受けたら, その都度, 保税倉庫から出庫すれば
よいので, 2 〜 4 日で消費者の手元に届けることができ, これまでより格段
に速い[1]. また, 中国政府が越境商取引を管理しようと 2012 年から「保税
区」を設立, 上海, 重慶, 杭州, 寧波, 鄭州, 広州の 6 つの 1 級都市を指定
した. これには越境商取引に関する税額還付, 外貨規制問題の解決, 支払い
問題の安全性問題の解決を図るといった目的がある. 購買側の市場が極めて
大きい中国であるが, 今後供給側としても, 世界工場と呼ばれているため,
工場直出荷, 製品品質, 決済手段と物流環境が改善されれば, 中国の越境
EC はますます成長すると予測できる.

3. 越境 EC のビジネスモデル

3-1. 従来のビジネスモデル

　従来のビジネスモデルにおける商取引の流れは：①消費者から受注する，②商品を出荷する，③1週間～3ヶ月後に商品が届く，④返品・交換の際はまた1週間～3ヶ月の配送期間を経て，処理する．

図1　従来の越境 EC モデル

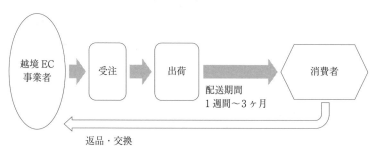

3-2. 越境 EC の新たなモデル（保税区モデル）

　なぜ中国政府は「保税区」を設置したのだろう．物流コストの削減だけではなく，越境商取引の際に発生する諸税金徴収に大きく関係する．中国では越境商取引された商品が税関では「貨物」と「物品」に分類される．

　「貨物」：貿易としての扱いになり，中国に輸入する際には，関税，消費税，増値税の3種類の税金が課せられる．更に商品検査，植物検査，衛生検査を受ける必要がある．

　「物品」：郵便物や手荷物などに対する管理方式．「行郵税」（行李と郵便の意）が課せられる．自己使用や合理的な数量とみなされなかった場合は「貨物」としての扱いになる[2]．

　商品が「貨物」として通関されると課せられる税金は「増値税」17％，「関税」は商品により税率が異なる，「消費税」は商品により課せられない場

合があるのだが，中国では輸入に関する税額が他の国や地域と比べ高いため，越境ECの商品と正規輸入商品と比べた際に中国国内で販売される小売価格とほぼ同額になる．その上送料を加えると越境ECは消費者に選ばれないことになる．一方，「物品」として通関される場合は個人で使用するような消費財に分類されるので，徴収された税金が「行郵税」となり，10%～50%の5段階税率に分けられ，消費税と増値税が課せられないため，課税率が低く，更に人民元50元以下であれば免税扱いになる．この背景下，中国政府は保税区を設立することによって，関税及び行郵税の徴収を確実にすることを目的としている．

　従来の越境ECは「物品」として送られた場合が多く，かつ「行郵税」が申告制なので，「うまくごまかせば払わなくて済む」という考え方をする消費者も少なくないため，業者と消費者の間に認知の差が現れ，トラブルの原因になる．

　保税区を利用した商取引の流れは：①商品をコンテナで保税倉庫に運ぶ，②商品を「備案」（商品登録）する，③消費者から受注する，④保税倉庫から直接出荷する，⑤中国国内物流業者より配送，⑥2～4日で商品が届く，⑦返品・交換の際は素早く対応できる．また，保税区の制限は中国政府が指定しているエリア内で会社を設立すること，商品は個人使用に限ることと1回につき購入金額は一人人民元1,000元が上限と定められている．新たなモデ

図2　越境ECの新たなモデル（保税区モデル）

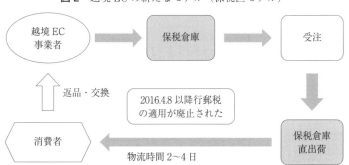

156

ルは従来の越境ECモデルより，配送費用が低い，商品を届ける時間の短縮，
品質保証，追跡できる，返品の対応というメリットがある．一方，事業者側
のデメリットは中国政府が商品管理をしており，「保税モデル」の商品数が
限られることになるため「直送モデル」と比べると選択できる商品が少ない
ので，消費者の購買意欲が減少する恐れがある．

3-3. ワン・ストップモデル

ワン・ストップモデルにおいての商取引の流れは：①海外の消費者がワン
ストップ業者に会員登録をする，②ワン・ストップ事業者から取引発生国の
住所を付与される，③海外消費者が取引発生国の国内ECサイトで買い物，
④消費者から受注され，国内配送でワンストップ事業者倉庫に送る，⑤ワ
ン・ストップ事業者から海外へ発送する．

図3　ワン・ストップモデル

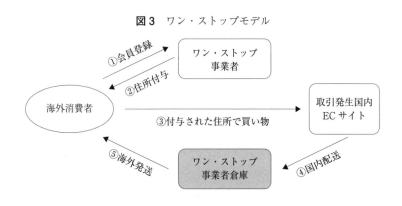

3-4. 台湾のワン・ストップモデル

台湾ワン・ストップモデルにおいての商取引の流れは：①台湾の消費者が
ワン・ストップ業者に会員登録をする，②ワン・ストップ事業者から取引発
生国の住所を付与される，③台湾消費者が取引発生国の国内ECサイトで買
い物，④台湾の消費者から受注し，国内配送でワン・ストップ事業者倉庫に

図 4　台湾のワン・ストップモデル

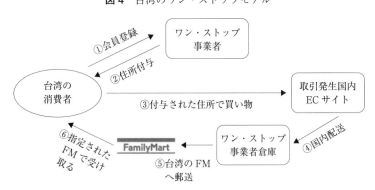

送る，⑤ワン・ストップ事業者から台湾のファミリーマートへ発送する，⑥台湾の消費者が指定されたファミリーマートで受け取る．

お わ り に

　越境 EC の市場規模は年々拡大しており，日米中の越境 EC 市場は 2010 年の 3,789 億円から 2018 年の 4 兆 9,309 億円まで，8 年間で約 10 倍に成長している．消費者の越境ＥＣに対するニーズは品質，製品の安全性，製品の独特性にあるため，現在の売上は物品販売が 9 割を占めているが，これからはサービスとコンテンツ市場が拡大するであろう．中国の消費者は観光旅行といったサービス業への参加は自分自身のステータスの現れとして，積極的に行っている．中国の越境 EC では海外旅行で購入した物のリピーターになり，再購入に至るケースが多いので，大規模な市場である中国には当然力をいれなければいけない．中国においては保税区を活用し，インバウンドから越境 EC へ販売の拡大をし続けると考えられる．

　これから注目する市場はコンテンツ市場である．前述の通り，ゲームアプリと非ゲームアプリ市場の世界売上高一位の会社は両方とも日本の会社であ

り，その上日本の「ゲーム，漫画，アニメ」は世界で揺るぎない人気があるので，コンテンツ市場は今後も伸びるだろうと予測している．しかし，コンテンツ市場の世界進出にとって最も高い壁は日本国内コンテンツの海外での制限と言語であるため，積極的にグローバル化する必要がある．

　また，世界中で地域貿易協定を積極的に結んでいるため，各地域の消費者が同じ経済圏では「国境」を意識しなくなる．それゆえ，越境 EC は各経済圏で拡大し続けると思われる．以上，越境 EC の実態，背景，商品分析，ビジネスモデルについて述べたが，これからは次の越境 EC の課題を見つけ出し，研究していきたい．

　1)　経済産業省（2014）『平成 25 年度我が国経済社会の情報化・サービス化に係る基盤整備（電子商取引に関する市場調査)』．
　2)　奥田聖（2015）『保税区を活用した越境 EC サイトビジネスについて』．

参 考 文 献

インターネット白書編集委員会編集（2015）『インターネット白書 2015』インプレス R&D 出版

奥田聖（2015）『保税区を活用した越境 EC サイトビジネスについて』福岡市上海事務所　https://www.fukuoka-fta.or.jp/uploads/attachments/1_1430383532_1.pdf（最終アクセス 2020．5．17)

経済産業省（2011）『平成 22 年度我が国情報経済社会における基盤整備（電子商取引に関する市場調査)』

経済産業省（2012）『平成 23 年度我が国情報経済社会における基盤整備（電子商取引に関する市場調査)』

経済産業省（2013）『平成 24 年度我が国情報経済社会における基盤整備（電子商取引に関する市場調査)』

経済産業省（2014）『平成 25 年度我が国経済社会の情報化・サービス化に係る基盤整備（電子商取引に関する市場調査)』

経済産業省（2015）『平成 26 年度我が国経済社会の情報化・サービス化に係る基盤整備（電子商取引に関する市場調査)』

経済産業省（2016）『平成 27 年度我が国経済社会の情報化・サービス化に係る基盤整備（電子商取引に関する市場調査)』

経済産業省（2017）『平成 28 年度我が国におけるデータ駆動型社会に係る基盤整備

（電子商取引に関する市場調査）』

経済産業省（2018）『平成 29 年度我が国におけるデータ駆動型社会に係る基盤整備（電子商取引に関する市場調査）』

経済産業省（2019）『平成 30 年度我が国におけるデータ駆動型社会に係る基盤整備（電子商取引に関する市場調査）』

杉本徹雄（2012）『新・消費者理解のための心理学』福村出版

莊秀文（2015）「日米中における越境 EC のビジネスモデル解析の研究」（『情報社会学会誌』vol. 10, no. 1）45-56 頁

総務省（2015）『平成 26 年版情報通信白書』

総務省（2019）『平成 30 年版情報通信白書』

竹内英二（2015）「期待される越境 EC とそのリスク」（『日本政策金融公庫論集』22）

フィリップ・コトラー（2001）『コトラーのマーケティング・マネジメント　ミレニアム版』ピアソン・エデュケーション出版

Hsiu-wen Chuang (2015), "Research of Business Model Analysis of Cross-Border EC in Japan, US and China.", *International Conference on Knowledge-Based Economy and Global Management*, Vol. 11, pp. 385-397.

Hsiu-wen Chuang (2016), "On the study of Consumer Behavior Model in Cross-Border EC", *Journal of Transformation of Human Behavior under the Influence of Infosocionomics Society*, Vol.1, pp. 47-58.

Mettam, G.R., Adams, L.B. (1999), "How to prepare an electronic version of your article". In: Jones, B.S., Smith, R.Z., editors. *Introduction to the electronic age*, New York: E-Publishing Inc; pp. 281-304.

PayPal Inc. (2015), "PayPal Cross-Border Consumer Research 2015".

PayPal Inc. (2018), "PayPal Cross-Border Consumer Research 2018".

Strunk, W. Jr., White, E.B. (1979), *The elements of style*, 3rd ed, New York: Macmillan.

Van der Geer, J., Hanraads, J.A.J., Lupton, R.A. (2000), "The art of writing a scientific article", J Sci Commun 163, pp. 51-59.

App Annie Index: Games - Temple Run 2, Puzzle & Dragons Dominate the Charts, 2013.（最終アクセス 2020. 10. 5）

第7章

中国における擬人化教育アプリに関する研究
──通常の教材と擬人化アプリの比較を通じて──

関　暁　東

は じ め に

　情報通信技術の発展のもと，近年パソコンより人々によく利用されている
のはスマートフォンである．平成 27 年総務省の調査[1]によると，「スマー
トフォン」でのインターネット利用者（1,589 人）のうち，毎日「2 時間以上」
スマートフォンでインターネットを利用している人の割合が 56.0％であり，
平均時間は 136.0 分である．そのうち，「2 時間以上」インターネットを使っ
ている青少年は，小学生では 17.4％だが，中学生では 48.1％となり，高校生
になると 66.8％となっている．2 時間以上スマートフォンを使う理由はスマー
トフォンのアプリケーションの魅力である．自分の好みに合わせ，スマート
フォンに様々なアプリをいれ，通信，娯楽だけでなく，創作や学習すること
などもできる．そういう状況の中で，スマートフォンアプリを利用し，専門
的な知識を学ぶ人が増えている．アプリストアで教育アプリを検索すると，
学年や科目に分け，何百個もの結果が出てくる．特に言語や資格試験の学習
のためによく使われる．教育アプリは自ら学習の立案や学習内容を選択する
ことができる．学習の時間や場所も自由であり，柔軟で便利な学習方法であ

る．いつでも，何回でも学習の内容を繰り返すことができる．アプリで学習することの便利さが，ほかの学習方法より圧倒的に勝っているという指摘もあるほか，その学習方法の効果も期待されている．

　擬人化とは人間以外のものを人物として，人間の性質・特徴を与える比喩の方法である．これらの性質・特徴には感覚，感情，願望，身振り，表現力，言語能力などがある[2]．例えば，画像1の漫画「Axis powers ヘタリア」は世界中の国を擬人化し，その国の特徴や歴史を描写する漫画である．

　擬人化が成功するかどうか，最も重要なのはキャラクターである．キャラクターを見ると，その原型を連想することができる．画像1の中で，中国のキャラクターはパンダをペットとして連れている．フランスのキャラクターは金髪のイケメンであり，いつもバラを手に握り，ロマンティックな人である．キャラクターは目標対象により，人物設定も違う．特定の目標対象のため作った作品はよく「男性向け」，「女性向け」，「子供向け」などの言葉で分けられている．「Axis powers ヘタリア」は形象的なキャラクター以上に，ストーリーで歴史上の有名な事件を面白く演出している．歴史に興味ない人もこの作品を見ると面白さを感じ，歴史の話に興味を持つようになる．擬人化

画像1　「Axis powers ヘタリア」

出所：Axis powers ヘタリア　ホームページ http://www.gentosha-comics.net/hetalia/cat4/（最終アクセス日　2017年1月10日）

はある領域に対する興味を人に喚起し，そして，抽象的なものを分かりやすくすることができる．最近，擬人化手法を教育アプリに活用する例が増してきた．

1.　研究の目的と問題意識

1-1.　研究の動機

　教育のために作ったアプリは独自の特徴を持たなければならない．アプリをダウンロードすることも削除することも数秒でできるし，どのようにすればユーザーに長期に使われるかが課題である．操作画面や内容，広告の数や課金の有無など，ユーザーの意欲に影響する要因は様々である．そのなかでも最も求められるのは学習効果である．

　擬人化手法を用いた，いわゆる萌えキャラクターたちと一緒に勉強する教材「擬人化でまなぼ！ ネットワークのしくみ」（画像2）が出版され，教材の内容が教育アプリ「Goocus」でも配信された．

画像 2　「擬人化でまなぼ！　ネットワークのしくみ」

出所：翔泳社　https://www.shoeisha.co.jp/static/bookstore/116/
　　　20160218_gijinka.jpg（最終アクセス日　2017 年 1 月 10 日）

164

この教材は萌え美少女たちと一緒に学習するという非常に斬新なもので，アプリの便利さと擬人化の面白さを組み合わせ，ユーザーに新たな学習体験を与える．作者の岡嶋裕史は日本で一般人と「萌え」が好きな人を対象とし，この教材での学習前後の成績の対比実験を行った．その結果，萌えキャラクター擬人化教育アプリは「萌え」が好きなユーザーに対する効果が普通の教育手法より高いことが認められた．本研究は，擬人化教育手法が，国情が異なる中国でも効果を発揮できるのかどうかに焦点を当て，中国においても，「擬人化でまなぼ！」を使って，実験を行った．

1-2. 先行研究

先行研究を「擬人化」，「アプリ」と「萌えキャラ」の3つの方面から検討する．そして実例から萌えキャラクター擬人化教育アプリの各要素を分析し，潜在的なユーザーを推測する．

1-2-1. 擬人化

金融情報サービスを提供している日本経済新聞社グループの QUICK は 2014 年 8 月 14 日，美少女キャラクターが上場企業各社の株価や財務情報を発信するアプリを開発し，公式サイト「IRroid」を開設した[3]．時価総額は「HP」，自己資本利益率は「攻撃力」，配当利回りは「防衛力」，株価変動率は「ツンデレ」などに置き換えて会社をキャラクター化し，上場企業各社を応援する．

株式の売買の初心者も簡単に利用できる．専門的な概念を擬人化したキャラクターの性格や戦闘力に変えたことで，理解しやすくなった．

同様に，近年，人間と同様の身体的特徴を備えた擬人化エージェントを教育システムに応用する試みが行われている（塩入直哉 2014）[4]．あるいは，擬人化体験で抽象的な概念を理解する方法もある．吉川直志ら（2014）は「擬人化体感学習を使うことで，『粒子』概念による理解を深めることができる小学校理科の内容をリストアップし，その利用方法を分類することで，見えない粒子による現象を自分の体感として理解する方法の可能性を示す」．「手

画像3　金融情報サービスアプリ「IRroid」の画面

出所：Techcrunch 記事　http://jp.techcrunch.com/2015/12/22/quick-irroid/（最終アクセス日
2017 年 1 月 10 日）

法に遊びの要素を取り入れ，楽しく演じる中で，実際の現象を知らずに体感
できることもこの手法の利点であると考えている」．「擬人化してみんなで現
象を再現することで，知識と体感の両方から現象のさらなる理解へとつなが
ることを期待する」[5]，としている．

　擬人化に関する研究は中国でもあるが，日本と同じく主に幼児教育を中心
とし，学習の内容も簡単である．羅洪群（2014）が保育園で擬人化教育に関
する実験をした．いす，花，動物などを擬人化し，子供たちにモノを大事に
することを教える．「子供たちが学習活動に興味ないというわけではなく，
形象的，生き生きしているものに対する興味が深いということである」[6]．
斉穎（2012）は擬人化教育の利点をいくつかあげた．「擬人化は抽象的なもの
を具体化した」[7]．擬人化教育には「見える」，「聞こえる」，「感じられる」
という特徴がある．

　岡嶋裕史は初めて擬人化手法と教育アプリを結合した．教材内容は IT パ
スポート試験という国家試験に関する専門的な内容である．これに，「萌え

キャラクター」の要素を導入し，音声と画像を活用して，楽しく学習することを目指している．岡嶋（2016）は「多くの人に支持される擬人化キャラクターは次の2つのうち，どちらかの役割を担っていた．1，イライラさせられる事項を可視化して，納得する．2，難解なものを簡易に解きほぐす，あるいは親しみやすさを演出する」[8] と述べている．このアプリは日本での実験結果は良い反応が出たが，海外での実験・研究については前例がない．

1-2-2. アプリ

NHK エデュケーショナルが企画し，慶應義塾大学などの教師らが監修を手がけた英単語学習アプリ「えいぽんたん」（2019年12月サービス終了）は，2013年12月から低年齢層向けに配信を開始し，ダウンロード数200万を超え，日本 iOS アプリケーションストアで教育カテゴリ無料ランキングの1位を獲得した．「えいぽんたん」を利用し，TOEIC の点数を 500 点台から 700点台に伸ばしたユーザーもいる．学習効果は非常に高い．

長谷川ら（2013）は，「教育環境の柔軟性・多様性を向上する方法として，多様な学習コンテンツを低コストかつオンデマンドで提供可能な e-learningの活用があげられる．従来の対面学習では，時間や場所，高い人的コストなどの拘束があるのに対して e-learning によるオンライン学習は，学習者が時間や場所の制約を受けずに自学自習可能であること，一度の学習コンテンツ作成の他は運用コストが低いなどの利点により，対面学習の課題を克服することが期待されている」と e-learning の利点を述べた．スマートフォンアプリはより便利で，コストの低い学習方法である．スマートフォンさえあれば，インターネット接続不要なアプリもある．いつでもどこでも利用できる．しかし，問題点もある．「e-learning は教育者不在の自学・自習であるため，学習意欲を維持・向上しつつ安定した学習効果を得ることが困難であることが明らかにされている」と長谷川らは述べた．「活動的傾向のある学習者は教材の選択順序が不規則である傾向や，内省的傾向のある学習者は教材内で独自の関連付けを行う傾向があることが示唆されている」[9]．擬人化

教育アプリの利用者も年齢や自律の程度などによって制限されるだろう.

1-2-3. 萌えキャラクター

現代の日本の漫画やアニメの特徴の 1 つは,多くの作品が「男性向け」「女性向け」に分かれていたり,あるいはそのような需要のされ方が一般的になされていたりする点である[10].そのためターゲット対象の属性により,好みを把握でき,作品や商品などの宣伝も工夫されている.

日用品大手メーカー英レキットベンキーザー・ジャパンは 2013 年秋,ニキビケアブランド「クレアラシル」がメディアミックス企画「カゲロウプロジェクト」の人気キャラクター,如月モモとコラボする企画を立てた.

消費者は年齢によって情報を収集するルートが違う.「クレアラシル」の購入層は中高生であり,マスコミよりネット通信のほうが利用されていたため,マス広告が届きにくくなっている.もっと効果的な宣伝のため,CM よりもネット動画などデジタルメディアのほうが響くと判断した.

マーケティング本部デジタルメディアマネージャーの趙恩淳氏は,中高生の生活スタイルや趣味嗜好などを徹底的に分析した.その結果はテレビより YouTube やニコニコ動画のほうが利用され,新聞より Twitter または

画像 4　「クレアラシル」の商品を購入後得られる如月モモの AR ライブ映像

出所:クレアラシルとカゲロウプロジェクトのコラボ公式サイト
http://kagerou.clearasil.jp/(最終アクセス日　2017 年 1
月 10 日)

Facebook を利用している．そして，人気タレントよりも動画サイトで人気のボーカロイドキャラクターなどが浮上し，2次元キャラクターが登場する作品に共感して SNS で拡散するという行動パターンが見えてきた．

伝統的な宣伝方法と違い，消費者は企画とコミュニケーションできるようになったと分析し，クレアラシルはターゲット対象の共鳴できるキャラクターを利用した．このように，キャラクターの種類は多いが，ターゲット対象の好みを把握することは大切である．性別や年齢，消費者の属性に合わせ，キャラクターを創る．例を挙げると，「擬人化でまなぼ！」は「萌え」好きな男性をターゲットにしている．

日本では「萌え」好きな男性の場合は，普通の教育方法より萌え擬人化のほうが効果的なことが分かった．ほかの国では結果はどうなるか．学習の効果は利用者の年齢や国籍などに影響されるのか，学習の結果はどのような傾向があるのだろうか．

本研究は中国で萌えキャラクター擬人化教育アプリの実験を行い，それを通じて，擬人化教育アプリが国際的に効果を上げられるかどうかを測定することが目的である．さらに，利用者の属性により，学習の結果にどのような傾向があるのかを分析する．また，実験対象にアンケートを行い，改善点などについて主観的な感想を自由記述法により調査する．

その結果，萌えキャラクター擬人化教育アプリの良い点と悪い点を明らかにする．そして中国の消費者に受け入れられるのか，また改善できる点を明らかにする．

2. 初心者に対するアンケート調査

まず擬人化教育を初めて聞く人たちにアンケートを行い，擬人化教育に対する反応を調査し，その嗜好性を明らかにし，潜在利用者の特徴を解明する．

アンケートを通じ，実験対象者の擬人化教育アプリの利用体験について詳

しく調査する．良い点と悪い点を調べ，良い点を推進し，悪い点を改善する
方法を考える．

2-1．アンケートの方法

場所：インターネットによる[11]

時期：2016 年 10 月 2 日

対象：中国人の擬人化教育の初心者 100 名

アンケートの項目：

Q 1：萌え擬人化教育を使いたいか

Q 2：「擬人化でまなぼ！」教材を使いたいか

Q 3：「擬人化教育の教材やアプリを使いたい」と思うか

Q 4：「限定された人だけが萌え擬人化教育に興味がある」と思うか

Q 5：「擬人化手法を幼児教育領域で応用すること」を支持するか

Q 6：「擬人化手法を成人教育領域で応用すること」を支持するか

2-2．アンケートの結果

Q 1：萌え擬人化教育を使いたいか

擬人化の認知度と萌え擬人化教育を使用する意向との関連が統計的に有意
かを確かめるため，t 検定を行ったところ，$t(97) = 2.527$, $*p=.13 < 0.5$, 5%
水準で有意である（表1）．

「萌えキャラクター擬人化教育」という言葉が複雑であり，まず「擬人化」
という言葉を知らない人にとっては理解しにくいと思う．もともと「擬人化」
を知っている人のほうがイメージができ，「萌えキャラクター」はどんなキャ
ラクターか，本当に教育でも使えるのかなど，好奇心を喚起することができ
る．好奇心があれば，「使ってみる」意向が出てくる．

表1 擬人化の認知度と萌えキャラクター擬人化教育を使用する意向との関連

グループ統計量

	擬人化の認知	度数	平均値	標準偏差	平均値の標準誤差
萌え使用程度	>= 3.0	66	4.167	.9378	.1154
	< 3.0	33	3.606	1.2232	.2129

独立サンプルの検定

		等分散性のためのLevene の検定		2つの母平均の差の検定						
		F 値	有意確率	t 値	自由度	有意確率（両側）	平均値の差	差の標準誤差	差の95%信頼区間 下限	上限
萌え使用程度	等分散を仮定する	5.202	.025	2.527	97	.031	.5606	.2219	.1203	1.0009
	等分散を仮定しない			2.315	51.389	.025	.5606	.2422	.0744	1.0468

Q2:「擬人化でまなぼ!」教材を使いたいか

擬人化の認知度と「擬人化でまなぼ!」教材（岡嶋教材）を使用する意向との関連が統計的に有意かを確かめるために，t検定を行ったところ，$t(97) = 2.276$，*p=.025 < .05，5％水準で有意である（表2）.

アンケートの項目で「擬人化でまなぼ!」教材を簡単に紹介した.「擬人化」という言葉を知っている人のほうがこの教材の内容に興味がある.

「擬人化」を初めて知った人はまず「擬人化」に関する知識を与えられても，より詳しい情報のない場合は理解することが難しい.萌えキャラクター擬人化教育を用いた教材への興味は擬人化を知っている人より低い.

表2 擬人化の認知度と「擬人化でまなぼ!」教材を使用する意向との関連

グループ統計量

	擬人化の認知	度数	平均値	標準偏差	平均値の標準誤差
岡嶋教材	>= 3.0	66	4.21	.832	.102
	< 3.0	33	3.76	1.1119	.195

独立サンプルの検定

		等分散性のためのLevene の検定		2つの母平均の差の検定						
		F 値	有意確率	t 値	自由度	有意確率（両側）	平均値の差	差の標準誤差	差の95%信頼区間 下限	上限
岡嶋教材	等分散を仮定する	7.356	.008	2.276	97	.025	.455	.200	.058	.851
	等分散を仮定しない			2.065	50.264	.044	.455	.220	.013	.897

Q 3 :「擬人化教育の教材やアプリを使いたい」と思うか

「そう思う」人が一番多く 37％を占め,「ややそう思う」人が 27％であり,合計 64％である. 半分以上の人が擬人化教育の教材とアプリを使う意向があることが分かった.「どちらでもない」を選んだ人の比率は 26％であり,「ややそう思わない」人が 6％,「そう思わない」を選んだ擬人化教育の教材やアプリに全然興味のない人は 4％を占めた（図 1）.

図 1　「擬人化教育の教材やアプリを使いたい」と思う人の比率

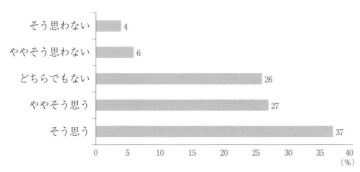

Q 4 :「限られた人だけが萌え擬人化教育に興味がある」と思うか

「そう思う」人と「ややそう思う」人が同じく 28％であり,「どちらでもない」を選んだ人が 26％を占めた.「ややそう思わない」人が 12％であり,「そう思わない人」は 6％しかない（図 2）.

半分以上の人が「萌え擬人化教育」は一部の人だけが興味があると思っている. しかし, そのなかで Q 3 で「擬人化教育の教材やアプリを使いたい」を選んだ人がいるということで,「萌えキャラクター」の場合は, 自分の好みに合わないと判断した人がいるということが分かる.

図2 「限られた人だけが萌え擬人化教育に興味がある」と思う人の比率

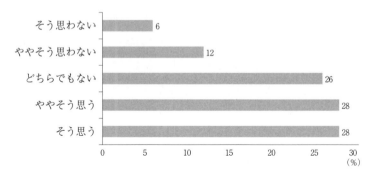

Q5：「擬人化手法を幼児教育領域で応用すること」を支持するか

「そう思う」人が51％であり，「ややそう思う」人が18％を占めた．「どちらでもない」を選んだ人が23％．「そう思わない」人と「ややそう思わない」人は同じく4％しかない．

擬人化教育の教材は理解しやすく，内容も面白い．幼児教育に適用できると思う人の比率が半分以上となった（図3）．

図3　幼児教育領域での応用についての支持率

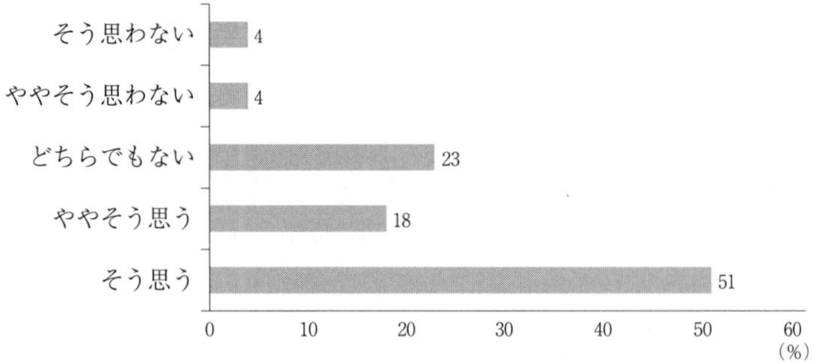

Q6：「擬人化手法を成人教育領域で応用すること」を支持するか

「そう思う」人が25％であり，「ややそう思う」人が27％を占めた．「どちらでもない」を選んだ人が32％で一番多い．「ややそう思わない」人が9％

であり，「そう思わない」人が7％である（図4）．

　幼児教育の場合に比べると，特に完全支持する人の比率は51％から25％に変わり，支持率が半分ぐらい減った．

　子供に対する教育は面白さが非常に大切である．子供は面白い物事に惹かれる．成人の場合は，進学や就職などの目標を持っているのは一般的であり，その目標のため，自ら勉強する意欲が高い．教材を選ぶとき，面白さも1つの要素であるが，それより実効性を重視している．

図4　成人教育領域での応用についての支持率

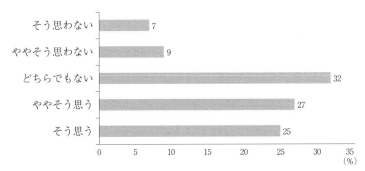

2-3. 考　　察

　アンケートの結果によると，擬人化教育の教材やアプリなどに興味があるのは日本も中国も同じである．しかし，萌え擬人化の場合は，限られた人だけ興味があると思う人が多い．

　t検定によると，擬人化の認知度の高い人が，萌え擬人化教育を使用する意向が高い．

　t検定で性別やオタクの程度も分析したが，有意差は出ていない．

　その原因を分析すると，中国ではアニメや漫画を好きな人が自分を「オタク」と認定しても，必ずしも萌えキャラクターに興味があるわけではない．記述回答によると，特に男性は萌えキャラクターより雑誌の「ジャンプ」系やスポーツ系のほうに興味があるようだ．

3. 実　　　験

3-1. 実　験　Ⅰ

　日本で開発された擬人化教育アプリを日本で実験した結果に基づき，中国でも同じ結果が出るかどうかを解明し，擬人化教育アプリがほかの国でも通用することを証明する．そして，実験結果を分析し，教育効果の高い対象の傾向を明らかにする．

3-1-1. 実験の方法

　中国の学生を対象とし，「擬人化でまなぼ！」を使用し擬人化教育と普通教育の体験の対比実験をする．

　場所：中国河南省・南陽師範学院

　時期：2016 年 9 月 9 日

　対象：南陽師範学院外国語学部 1 年生 70 名

　実験の手順：

① 70 名を対照組と擬人化組の 2 組に分け，対照組を統制群，擬人化組を実験群とする．

② 両組に教材内容に関する同じ内容の試験（プリテスト）をし，点数を記録する．

③ 対照組は普通の教材で，擬人化組は擬人化教育アプリを利用して同じ範囲の内容を学習させる．

④ 両組に②と同じ試験（ポストテスト）をし，点数を記録する．

⑤ 擬人化組だけには「萌え擬人化教育」の使用体験に関するアンケートを行う．

⑥ 試験の結果を分析し，どちらの組により学習効果が出たかを判定する．

図5　実　験　手　順

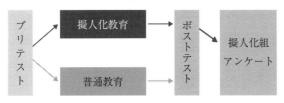

3-1-2.　実験で使う教材

　対照組の教材は主に文章と図表となっている．専門用語の説明や豆知識もある．学習方法は知識点を暗記することになっている．

画像5　対照組の使用教材―中国語版

画像6 擬人化組の使用教材—中国語版

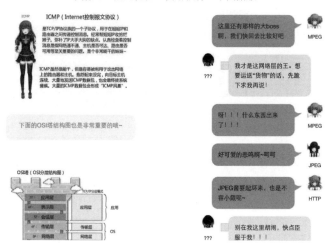

擬人化組の教材はキャラクター紹介，仕組みの構成図，キャラクターたちの会話と漫画になっている．専門用語を擬人化した各キャラクターの特徴を性格で表現する．仕組みの各部分のつながりをキャラクターの会話で表現し，普通の教材より面白さを高めた．

まず漫画でストーリーの背景を知り，次はキャラクターたちの会話を読む．会話の内容は日常会話と同じで，難しいITに関する本だと思えないほど面白い．さらに一目瞭然の仕組みの構成図があり，分からない部分があれば，すぐチェックできる．そして，専門用語の解釈と豆知識もあり，非常に理解しやすい．

最初に各キャラクターの詳しい紹介もあり，確実にキャラクターの性格と特徴を把握できる．

3-1-3. 実験の結果

実験対象者70名の内，隣の対象者と解答が同じ学生4名，事後のアンケートを行わなかった学生2名，テストを中断した学生1名，解答項目が全部同じ学生1名を除外し，62名のデータを分析対象とした．

擬人化組の中には極端に成績を伸びた人もいるし，逆に成績が下がった人も何人かいた．しかし，成績の変化はあまり激しくない（図6）．

図6　擬人化組の得点

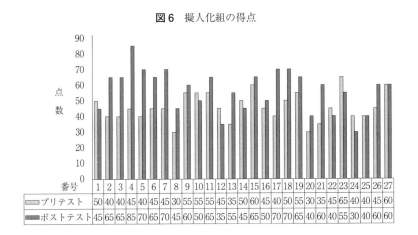

対照組では成績の変わらない人もいるし，逆に下げた人もいる．成績が伸びた人数は多く，伸び幅も擬人化組より大きい（図7）．

図7　対照組の得点

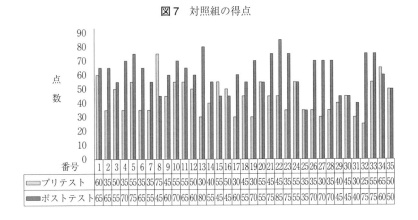

　図8を見ると，両組の学習前の成績はあまり差がない．学習後の成績は擬人化組より対照組のほうの点数が高くなった．これは予想とは逆の結果になっている．

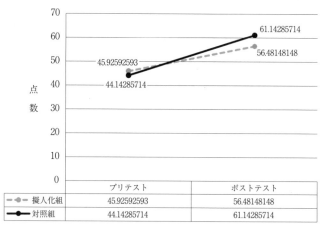

図8　平均点数の学習前後での変化

	プリテスト	ポストテスト
擬人化組	45.92592593	56.48148148
対照組	44.14285714	61.14285714

注：テストの満点は100点．有効サンプル数は擬人化組27と対照組35

　SPSSで実験のデータを分析した．結果は以下の通り．

プリテストとポストテストの結果の比較

　表3に示した通り，プリテストの結果は擬人化組と対照組の差が出ていない．ポストテストの結果は対照組のほうがよく，擬人化組より高い傾向がある．しかし，有意差はない（統計的傾向がある）．

表3　プリテストとポストテストの結果（擬人化組と対照組の比較）

対応サンプル統計量

		平均値	度数	標準偏差	平均値の標準誤差
ペア1	擬人化組前	45.93	27	8.991	1.730
	対照組前	44.44	27	11.463	2.206
ペア2	擬人化組後	56.48	27	13.142	2.529
	対照組後	62.22	27	11.794	2.270

対応サンプルの相関係数

		度数	相関係数	有意確率
ペア1	擬人化組前＆対照組前	27	−.209	.295
ペア2	擬人化組後＆対照組後	27	.220	.270

対応サンプルの検定

		対応サンプルの差					t値	自由度	有意確率 （両側）
		平均値	標準偏差	平均値の 標準誤差	差の95%信頼区間				
					下限	上限			
ペア1	擬人化組前 - 対照組前	1.481	15.982	3.076	−4.841	7.804	.482	26	.634
ペア2	擬人化組後 - 対照組後	−5.741	15.610	3.004	−11.916	.434	−1.911	26	.067

注：表内の「前」はプリテスト，「後」はポストテスト．以下全て同．

擬人化組の学習前後での比較

　萌えキャラクター擬人化教育で学習する前の平均点数と学習した後の平均点数の差が統計的に有意か確かめるため，t検定を行った（表4）．t(26) = 3.836, **p=.001 ＜ .1であり，学習の前後の平均点数の差は1%水準で有意であることが分かった．

　擬人化組の実験対象は擬人化教材で学習し，成績が伸びたことが明らかになった．

表4　擬人化組の学習前後での比較

対応サンプルの統計量

		平均値	度数	標準偏差	平均値の 標準誤差
ペア1	擬人化組前	45.93	27	8.991	1.730
	擬人化組後	56.48	27	13.142	2.529

対応サンプルの相関係数

		度数	相関係数	有意確率
ペア1	擬人化組前＆擬人化組後	27	.208	.299

対応サンプルの検定

		対応サンプルの差					t値	自由度	有意確率 （両側）
		平均値	標準偏差	平均値の 標準誤差	差の95%信頼区間				
					下限	上限			
ペア1	擬人化組前 - 擬人化組後	−10.556	14.300	2.752	−16.212	−4.899	−3.836	26	.001

対照組の学習前後での比較

　普通の教材で学習する前の平均点数と学習した後の平均点数の差が統計的に有意か確かめるため，t検定を行った（表5）．t(34) = 5.362, **p=.000 ＜ .1

180

であり，学習の前後の平均点数の差は 0.1％水準で有意差があった．

　対照組の実験対象は普通の教材で勉強し，成績が伸びたことが明らかになった．

表5　対照組前後の比較

対応サンプルの統計量

		平均値	度数	標準偏差	平均値の標準誤差
ペア1	対照組前	44.14	35	11.725	1.982
	対照組後	61.14	35	12.372	2.091

対応サンプルの相関係数

		度数	相関係数	有意確率
ペア1	対照組前 - 対照組後	35	− .211	.224

対応サンプルの検定

		対応サンプルの差					t 値	自由度	有意確率（両側）
		平均値	標準偏差	平均値の標準誤差	差の95％信頼区間				
					下限	上限			
ペア1	対照組前 - 対照組後	−17.000	18.755	3.170	−23.443	−10.557	−5.362	34	.000

性別の影響

　擬人化組の性別が実験結果に影響するかを確かめるために，t検定を行ったところ，$t(25) = 0.291$, n.s. であった（表6）．

　擬人化組の実験結果は性別による影響がないことを明らかにした．

表6　性別が実験結果に及ぼす影響―擬人化組

グループ統計量

	性別	度数	平均値	標準偏差	平均値の標準誤差
擬人化組前	男	5	47.00	8.367	3.742
	女	22	45.68	9.296	1.982
擬人化組後	男	5	54.00	10.840	4.848
	女	22	57.05	13.772	2.936

独立サンプルの検定

		等分散性のためのLeveneの検定		2つの母平均の差の検定						
		F 値	有意確率	t 値	自由度	有意確率（両側）	平均値の差	差の標準誤差	差の95％信頼区間	
									下限	上限
擬人化組前	等分散を仮定する	.095	.760	.291	25	.774	1.318	4.535	−8.022	10.658
	等分散を仮定しない			.311	6.463	.765	1.318	4.234	−8.865	11.502
擬人化組後	等分散を仮定する	.424	.521	− .461	25	.649	−3.045	6.612	−16.663	10.572
	等分散を仮定しない			− .537	7.286	.607	−3.045	5.668	−16.341	10.250

同様に対照組の実験結果は，学習する前は男性のほうが成績は良く，逆に，勉強した後には男女の差がなくなった（表7）．

表7　実験対象の性別が実験結果に及ぼす影響─対照組

グループ統計量

	性別	度数	平均値	標準偏差	平均値の標準誤差
対照組前	男	3	56.67	7.638	4.410
	女	32	42.97	11.420	20.19
対照組後	男	3	61.67	12.583	7.265
	女	32	61.09	12.555	2.219

独立サンプルの検定

		等分散性のためのLeveneの検定		2つの母平均の差の検定						
		F 値	有意確率	t 値	自由度	有意確率（両側）	平均値の差	差の標準誤差	差の95%信頼区間 下限	上限
対照組前	等分散を仮定する	1.233	.275	2.021	33	.051	13.698	6.779	− .094	27.490
	等分散を仮定しない			2.824	2.918	.069	13.698	4.850	− 1984	29.380
対照組後	等分散を仮定する	.155	.697	.076	33	.940	.573	7.582	− 14.853	15.999
	等分散を仮定しない			.075	2.389	.946	.573	7.596	− 27.502	28.648

「オタク」程度の影響

「オタク」程度が擬人化組の成績に及ぼす影響が統計的に有意か確かめるために，t検定を行ったところ，t(21) = .941, n.s. であった（表8）．

擬人化組の実験結果は，「オタク」程度による影響がないことを明らかにした．

表8　「オタク」程度が擬人化教育の結果に及ぼす影響

グループ統計量

	「オタク」程度	度数	平均値	標準偏差	平均値の標準誤差
分散差	>= 3.0	21	10.95	12.412	2.708
	< 3.0	2	2.50	3.536	2.500

独立サンプルの検定

		等分散性のためのLeveneの検定		2つの母平均の差の検定						
		F 値	有意確率	t 値	自由度	有意確率（両側）	平均値の差	差の標準誤差	差の95%信頼区間 下限	上限
分散差	等分散を仮定する	3.263	.085	.941	21	.357	8.452	8.982	− 10.226	27.131
	等分散を仮定しない			2.293	4,420	.077	8.452	3.686	− 1.409	18.313

事後アンケートの分析

アンケートの項目：

Q 1：擬人化教育手法は面白いと思うか

Q 2：擬人化教育アプリを今後も使ってみたいと思うか

Q 3：擬人化教育アプリを長期に使いたいと思うか

Q 1：擬人化教育手法は面白いと思うか

「擬人化教育手法は面白いと思うか」の質問に，「そう思う」人が31.03％であり，「ややそう思う」人が41.38％．「どちらでもない」を選んだ人が3.45％であり，「ややそう思わない」人が24.14％である．「そう思わない」人はいなかった．

この結果から見ると，単に内容の面白さに対する評価は高かったことが分かった．教育効果は理想的ではないが，「面白い体験」と思われたようだ．

図 9　擬人化教育手法は面白いと思う人の比率

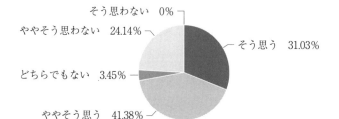

Q 2：擬人化教育アプリを今後も使ってみたいと思うか

今後また同様の教材を使いたいと思うかという質問に対し，「そう思う」人は44.83％，「ややそう思う」人が41.38％で，合計80％以上を占めた．「どちらでもない」を選んだ人は「ややそう思わない」人と同じく3.45％である．「そう思わない」人は6.9％であった（図 10）．

萌えキャラクター擬人化教育アプリを体験した実験対象者は，萌えキャラ

クター擬人化教育アプリを使ってみたい人がほとんどであった.

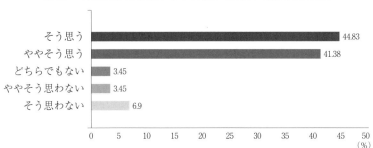

図10　今後も擬人化教育アプリを使ってみたいと思う人の比率

Q3：擬人化教育アプリを長期に使いたいと思うか

Q2から分かるように基本的に萌えキャラクター擬人化に興味を持つ人は多く，反対に全然使いたくない人は少ない.

しかし，「長期に使いたいか」の質問になると，「そう思う」人の比率が急に下がって，3.45％になった.「ややそう思う」人の比率も31.03％しかない（図11）.

結果を見ると，もし中国で擬人化教育アプリができたら，とりあえず使ってみる可能性は高いが，すぐ削除する可能性も高い.使ってみたときの内容の面白さは非常に重要で，「使ってみたい」から「長期に使いたい」へ転換することが課題になる.

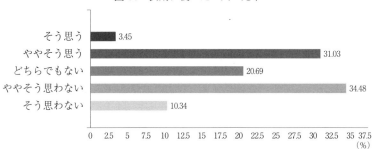

図11　長期に使いたい人の比率

次に記述式アンケートの回答から原因を分析する.

表9　記述式アンケートの回答

	良い点	悪い点
内容	① 画像が多い，文字より面白い ② 漫画が面白い ③ 簡単に理解できる	① 重要な知識がバラバラ ② 実際の例と練習問題が少ない
コスト	① お金のコストが低い ② 時間的なコストが低い	① 画像が多い，データの通信量が多い ② 読む時間が多い

3-1-4. 擬人化組の追加アンケート

場所：インターネットによる

対象：擬人化組として参加した学生7名

時期：2016年12月

アンケートの項目：

Q1：毎日勉強や読書に使う時間

Q2：毎日アニメやゲームに使う時間

Q3：萌えキャラクター擬人化教育アプリの3つの要素のなかで，あなたの学習興味を惹いたのは？（複数選択）

追加アンケートで実験対象の属性を明らかにし，実験結果の原因を分析する.

Q1：毎日勉強や読書に使う時間

毎日「2時間〜3時間」の比率が42.86％で最も多い．次は「30分〜1時間」が28.57％．「3時間以上」と「1時間〜2時間」は同じ14.29％で，「30分以内」の人は1人もいない（図12）.

この結果から見ると，実験対象者は比較的勉強熱心な学生ということが分かった.

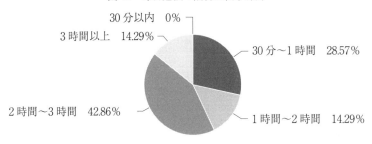

図 12　毎日勉強や読書に使う時間

Q 2：毎日アニメやゲームに使う時間

「30 分以内」の比率が 42.86％で最も多い．次は「30 分〜1 時間」と「1 時間〜2 時間」が同じ 28.57％である．「3 時間以上」と「2 時間〜3 時間」の人は 1 人もいない（図 13）．

この結果から見ると，実験対象者に「オタク」の属性はないことが分かった．

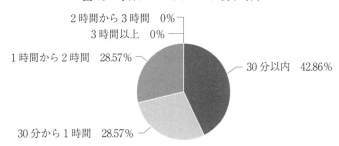

図 13　毎日アニメやゲームに使う時間

Q 3：萌えキャラクター擬人化教育アプリの 3 つの要素のなかで，あなたの学習興味を惹いたのは？

「擬人化手法」の面白さが 54.54％で一番評価が良い．「萌えキャラクター」が 36.36％．「アプリ」が 9.09％で一番低い（図 14）．

この結果を見ると，「擬人化」で勉強する手法自体が評価されていること

が分かる．これからも萌え美少女だけでなく，ほかの人物設定もあり得る．

図14　萌えキャラクター擬人化教育アプリの3つの要素の支持率

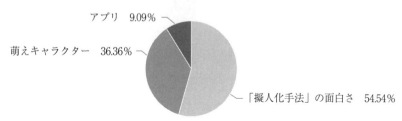

アプリ　9.09%

萌えキャラクター　36.36%

「擬人化手法」の面白さ　54.54%

3-1-5．考察

日中の結果を対比し，この結果が出た原因を分析する．

日本における同様の実験では，萌え擬人化教育手法のほうが効果的だという結果が出た．中国も同じ結果が出ると予想したが，実験の結果は逆だった．その原因は以下の2つだと思われる．

1. 日本での実験対象は「オタク」傾向を持つ人々で，今回の実験の対象は中国の普通の大学生だ．アニメや漫画，萌えキャラクターに対する興味が「オタク」より低い．

2. 日本での実験対象はあまり本を読まない層であった．本研究の実験対象はある程度学力の高い大学生だ．普通の教材のほうが一目見ただけで覚えるという理由で，擬人化に興味があっても，普通の教材ほうが効率的だったと思われる．

3-2．**実験II**（学力の低い対象に対する実験）

実験Iの対象はほぼ学力の高い大学生だった．厳しい大学入学試験を経験しているため，文章を読むスピードは非常に速く，普通の教材のほうが効率的であった．参加者は圧倒的に女性が多かったが，結果には性別による差はみられなかった．

　実験Ⅱはまず実験対象を性別と「オタク」傾向があるかなどの属性で分ける．そして，全体的に学力の低い人を対象にする．

　実験Ⅱの目的は萌え擬人化教育アプリがどのような層に効果的であるか明らかにすることだ．

3-2-1.　実験の方法

　　中国人を対象とし，擬人化教育と普通教育の体験の対比実験をする．

対象：中国人 60 名

場所：インターネットによる

時期：2016 年 12 月 1 日

実験の手順：

①　60 名を擬人化組，普通組と対比組の 3 組に分ける．性別とオタクの
　　程度で分ける．

②　3 組に教材内容に関する同じ内容の試験（プリテスト）をさせ，点数を
　　記録する．

③　普通組は普通の教材で，擬人化組は萌えキャラクター擬人化教育アプ
　　リを利用して同様の範囲を学習させる．対比組は学習させずに 20 分
　　待機させる [12]．

④　最後に 3 組に②と同じ内容の試験（ポストテスト）をし，点数を記録する．

⑤　擬人化組にアンケートを行う．

⑥　試験の結果を分析し，どの組より学習効果が出たかを判定する．

図 15　実験Ⅱの流れ

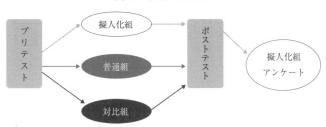

3-2-2. 実験の結果

3-1 の実験では被験者の性別，地域，「オタク」であることの程度を把握できなかったので，インターネット上で追加の実験を行った（n=55）．その結果をここで述べる.

擬人化組の成績の学習前後の変化を見ると，大幅に伸びた人が何人かいるが，逆に下がった人もいる．ほかの実験対象者の成績はあまり変わらなかった（図 16）.

図 16　擬人化組の学習前後の点数変化図

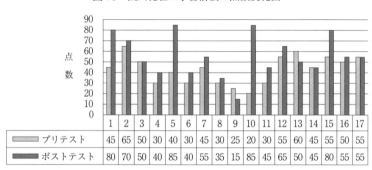

	1	2	3	4	5	6	7	8	9	10	11	12	13	14	15	16	17
プリテスト	45	65	50	30	40	30	45	30	25	20	30	55	60	45	55	50	55
ポストテスト	80	70	50	40	85	40	55	35	15	85	45	65	50	45	80	55	55

普通組の成績の学習前後の変化を見ると，大幅に伸びた人は少ないが，逆に下げた人も少ない．ほかの実験対象の成績はほぼ伸びた（図 17）.

図 17　普通組の学習前後の点数変化図

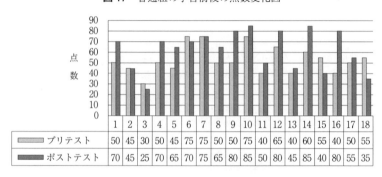

	1	2	3	4	5	6	7	8	9	10	11	12	13	14	15	16	17	18
プリテスト	50	45	30	50	45	75	75	50	50	75	40	65	40	60	55	40	50	55
ポストテスト	70	45	25	70	65	70	75	65	80	85	50	80	45	85	40	80	55	35

対比組は学習をしなかったためか，成績はあまり変わらなかった（図 18）．

図 18　対比組の学習前後の点数変化図

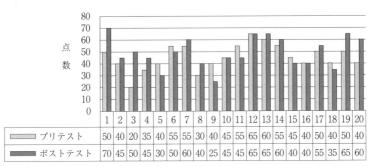

	1	2	3	4	5	6	7	8	9	10	11	12	13	14	15	16	17	18	19	20
プリテスト	50	40	20	35	40	55	55	30	40	45	55	65	60	55	45	40	50	40	50	40
ポストテスト	70	45	50	45	30	50	60	40	25	45	45	65	65	60	40	40	55	35	65	60

図 19 を見ると，擬人化組の平均点数はバラバラである．普通組の平均点数は対比組より高い．

図 19　3 つの組の点数差の対比図

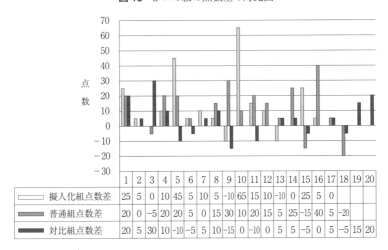

	1	2	3	4	5	6	7	8	9	10	11	12	13	14	15	16	17	18	19	20
擬人化組点数差	25	5	0	10	45	5	10	5	-10	65	15	10	-10	0	25	5	0			
普通組点数差	20	0	-5	20	20	5	0	15	30	10	20	15	5	25	-15	40	5	-20		
対比組点数差	20	5	30	10	-10	-5	5	10	-15	0	-10	0	5	5	-5	0	5	-5	15	20

擬人化組のデータを見ると，成績が明らかに伸びた対象が 5 名いる．その対象たちの属性を分析すると，以下の結果が出た．

190

- ● 女性（5名中4名）
- ● オタク（5名中4名）
- ● 大都市在住（5名中4名）

　本実験の結果を見ると，擬人化教育の適用対象が「大都市在住」「オタク」属性を持っている「女性」という傾向が読み取れる．

　SPSS でデータを分析する．

擬人化組の結果

　擬人化組の性別により，平均点数の増加に影響があることが統計的に有意か確かめるため，t 検定を行った．t(15) = 1.449, *p=.168 ＞ .5 であり，有意差が出てないことが分かった（表10）．

表10　実験対象の性別が実験結果に対する影響—擬人化組

グループ統計量

	性別	度数	平均値	標準偏差	平均値の標準誤差
擬人化組点数差	男	7	4.286	7.8680	2.9738
	女	10	17.500	23.0036	7.2744

独立サンプルの検定

		等分散性のための Levene の検定		2つの母平均の差の検定					
		F 値	有意確率	t 値	自由度	有意確率（両側）	平均値の差	差の標準誤差	差の95%信頼区間 下限	上限
擬人化組点数差	等分散を仮定する	5.865	.029	-1.449	15	.168	-13.2143	9.1171	-32.6468	6.2183
	等分散を仮定しない			-1.691	11.767	.119	-13.2143	7.8588	-30.3746	3.9462

　擬人化組の「オタク」程度により，平均点数の増加に影響があることが統計的に有意か確かめるため，t 検定を行った（表11）．t(15) = 0.617, n.s. である．

　よくアニメを見たりゲームをしていたりする実験対象者の成績が大幅によくはならなかった．

表 11　実験対象の「オタク」程度が実験結果に対する影響—擬人化組

グループ統計量

	「オタク」程度	度数	平均値	標準偏差	平均値の標準誤差
擬人化組点数差	>= 3.0	10	14.500	20.7431	6.5596
	< 3.0	7	8.571	17.4915	6.6112

独立サンプルの検定

		等分散性のためのLeveneの検定		2つの母平均の差の検定						
		F値	有意確率	t値	自由度	有意確率（両側）	平均値の差	差の標準誤差	差の95%信頼区間	
									下限	上限
擬人化組点数差	等分散を仮定する	.226	.641	.617	15	.547	5.9286	9.6135	-14.5620	26.4192
	等分散を仮定しない			.637	14.354	.534	5.9286	9.3132	-14.0001	25.8572

　擬人化組の学習前後の平均点数差が統計的に有意か確かめるため，t 検定を行った（表12）．t(16) = 2.721，*p=.015 < 0.5 であり，5%水準で有意であることが分かった．

　これにより，擬人化学習をしたのち，実験対象の成績が伸びたことが判明した．

表 12　学習前後の成績の変化—擬人化組

対応サンプルの統計量

		平均値	度数	標準偏差	平均値の標準誤差
ペア1	プリテスト	42.941	17	13.3532	3.2386
	ポストテスト	55.882	17	19.4643	4.7208

対応サンプルの相関係数

		度数	相関係数	有意確率
ペア1	プリテスト＆ポストテスト	17	.332	.193

対応サンプルの検定

	対応サンプルの差					t値	自由度	有意確率（両側）
	平均値	標準偏差	平均値の標準誤差	差の95%信頼区間				
				下限	上限			
ペア1　プリテスト - ポストテスト	-12.9412	19.6102	4.7562	-23.0238	-2.8586	-2.721	16	.015

普通組の結果

　性別により，普通組の平均点数の増加に影響があることが統計的に有意か確かめるため，t 検定を行った（表13）．t(16) = 0.318，n.s.

普通の教材の学習では，性別による影響はなかった．

表13　実験対象の性別が実験結果に及ぼす影響—普通組

グループ統計量

	性別	度数	平均値	標準偏差	平均値の標準誤差
普通組点数差	1.0	8	11.875	13.3463	4.7186
	2.0	10	9.500	17.3925	5.5000

独立サンプルの検定

		等分散性のためのLeveneの検定		2つの母平均の差の検定						
		F値	有意確率	t値	自由度	有意確率（両側）	平均値の差	差の標準誤差	差の95%信頼区間	
									下限	上限
普通組点数差	等分散を仮定する	.555	.467	.318	16	.755	2.3750	7.4712	−13.4633	18.2133
	等分散を仮定しない			.328	15.988	.747	2.3750	7.2468	−12.9884	17.7384

　普通組の「オタク」程度により，平均点数の増加に影響があることが統計的に有意か確かめるため，t検定を行った（表14）．$t(16) = 0.918$, n.s. である．

　普通の教材の学習では，平均点数の変化は「オタク」であるかどうかとは関係がない．

表14　実験対象の「オタク」程度が実験結果に及ぼす影響—普通組

グループ統計量

	「オタク」程度	度数	平均値	標準偏差	平均値の標準誤差
普通組点数差	>= 3.0	9	7.222	12.7748	4.2583
	< 3.0	9	13.889	17.6383	5.8794

独立サンプルの検定

		等分散性のためのLeveneの検定		2つの母平均の差の検定						
		F値	有意確率	t値	自由度	有意確率（両側）	平均値の差	差の標準誤差	差の95%信頼区間	
									下限	上限
普通組点数差	等分散を仮定する	1.110	.308	-.918	16	.372	-6.6667	7.2595	−22.0562	8.7228
	等分散を仮定しない			-.918	14.582	.373	-6.6667	7.2595	−22.1787	8.8454

　普通組の学習前後での平均点数差で，学習に効果があることが統計的に有意か確かめるため，t検定を行った（表15）．$t(17) = 2.582$, *p=.019 < .5 で

あり，5%水準で有意であることが分かった．

　普通の教材で学習をしたのち，実験対象の成績が伸びたことが判明した．

表15　学習前後の成績の変化—普通組

対応サンプルの統計量

		平均値	度数	標準偏差	平均値の標準誤差
ペア1	プリテスト	52.778	18	12.9731	3.0578
	ポストテスト	62.222	18	18.4089	4.3390

対応サンプルの相関係数

		度数	相関係数	有意確率
ペア1	プリテスト＆ポストテスト	18	.558	.016

対応サンプルの検定

	対応サンプルの差					t値	自由度	有意確率（両側）
	平均値	標準偏差	平均値の標準誤差	差の95%信頼区間				
				下限	上限			
ペア1　プリテスト - ポストテスト	−9.4444	15.5193	3.6579	−17.1620	−1.7269	−2.582	17	.019

対比組の結果

　対比組の性別により，平均点数の増加に影響があることが統計的に有意か確かめるため，t検定を行った（表16）．$t(18) = 0.193$, n.s. である．

　学習しなかったことで，性別による平均点数への影響はなかった．

表16　実験対象の性別が実験結果に及ぼす影響—対比組

グループ統計量

	性別	度数	平均値	標準偏差	平均値の標準誤差
対比組点数差	1.0	10	4.500	11.6548	3.6856
	2.0	10	3.500	11.5590	3.6553

独立サンプルの検定

		等分散性のためのLeveneの検定		2つの母平均の差の検定						
		F値	有意確率	t値	自由度	有意確率（両側）	平均値の差	差の標準誤差	差の95%信頼区間	
									下限	上限
対比組点数差	等分散を仮定する	.009	.927	.193	18	.849	1.0000	5.1908	−9.9055	11.9055
	等分散を仮定しない			.193	17.999	.849	1.0000	5.1908	−9.9055	11.9095

　対比組の「オタク」程度により，平均点数の増加に影響があることが統計

194

的に有意か確かめるため，t検定を行った（表17）．t(18) = 1.402, n.s.である．

　学習しなかったことで「オタク」であるかによる平均点数への影響はなかった．

表 17　実験対象の「オタク」程度が実験結果に及ぼす影響—対比組

グループ統計量

	「オタク」程度	度数	平均値	標準偏差	平均値の標準誤差
対比組点数差	>= 3.0	7	−.714	11.7006	4.4224
	< 3.0	13	6.538	10.6819	2.9626

独立サンプルの検定

		等分散性のためのLeveneの検定		2つの母平均の差の検定						
		F値	有意確率	t値	自由度	有意確率（両側）	平均値の差	差の標準誤差	差の95%信頼区間 下限	上限
対比組点数差	等分散を仮定する	.139	.713	−1.402	18	.178	−7.2527	5.1718	−18.1184	3.6129
	等分散を仮定しない			−1.363	11.442	.199	−7.2527	5.3231	−18.9138	4.4083

　対比組の学習前後により，平均点数の差で学習は効果があることが統計的に有意か確かめるため，t検定を行った（表18）．t(19) = 1.582, n.s. である．

　対比組は学習しなかったためか，前後の平均点数が変わらなかった．

表 18　学習前後の成績の変化—対比組

対応サンプルの統計量

		平均値	度数	標準偏差	平均値の標準誤差
ペア1	プリテスト	45.500	20	10.7483	2.4034
	ポストテスト	49.500	20	12.6595	2.8308

対応サンプルの相関係数

		度数	相関係数	有意確率
ペア1	プリテスト&ポストテスト	20	.543	.013

対応サンプルの検定

		対応サンプルの差					t値	自由度	有意確率（両側）
		平均値	標準偏差	平均値の標準誤差	差の95%信頼区間 下限	上限			
ペア1	プリテスト-ポストテスト	−4.0000	11.3091	2.5288	−9.2928	1.2928	−1.582	19	.130

擬人化組アンケートの結果

ここで行ったアンケートは，萌えキャラと擬人化教育アプリについて問うたものである．萌え美少女キャラクター，擬人化手法，アプリの評価，これからの萌えキャラクター擬人化教育アプリに対する使用意向について，5段階スケールでの評価を集計した．

「萌えキャラクター」の場合は，3点をつけた人が52.38％と一番多い．4点をつけた人は23.81％であり，5点をつけた人は19.05％である．しかし，1点をつけた人は4.76％であり，2点をつけた人はいなかった．萌えキャラクターが好きでも嫌いでもない人が一般的である．萌えキャラクターが好きな人は一定数存在するが，嫌いな人は非常に少ない．

「擬人化」手法の場合は，2点，3点，5点をつけた人がそれぞれ23.81％である．4点をつけた人は28.57％であり，少し多い．1点をつけた人はいない．擬人化手法に対する低い評価は少ない．

「アプリ」の評価は，3点をつけた人が38.1％で一番多い．4点をつけた人は19.05％であり，5点をつけた人は28.57％である．1点をつけた人が4.76％であり，2点をつけた人が9.52％であった．

図20　アンケート結果

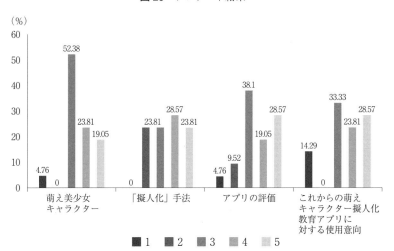

キャラクター設定について，萌え美少女が 66.67％と一番支持され，ピカチュウやドラえもんなど動物系のキャラクターも 28.57％と人気がある．女性に人気があると予想したイケメンキャラクターは意外に少なく 4.76％しかない（図 21）．

男女の人数の比率が 1 対 1 の場合でも，萌え美少女の支持率が半分を超え，女性にも人気があるということが分かった．

本実験の実験対象者は性別により，キャラクターの種類に対する好みは影響されていないと分かった．

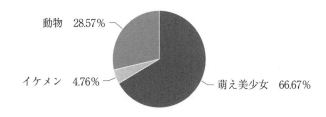

図 21　今後使いたい擬人化教育のテーマ

記述式アンケートの回答（表 19）には，萌えキャラクターは可愛いが，みんな似ているので区別できない．誰が誰だか分からなくなる，会話が長い．そして，集中できなくなる，という意見があった．

表 19　記述式アンケートの回答

問題	回答
良い点	① キャラクターたちの会話がかわいい． ② 絵が萌え萌え ③ 発想がいい ④ 会話を読みながら，知識をどんどん覚える．
悪い点	① キャラクターが似ている．はっきり区別できない． ② 会話が長い．集中しにくい． ③ 最初が面白いとかんじたが，内容の本質は変わらない． ④ 本当のオタクは文章を読むのは嫌い

3-2-3. 考察

　実験Ⅰの実験対象は学力の高い大学生であり，文章を読むスピードが速い対象には，擬人化教材より普通の教材のほうが効率的であることが分かった．

　実験Ⅱの実験対象は性別，「オタク」かどうかなど，属性により分けた．しかし，実験の結果は予想とは違っていた．擬人化組では女性のほうが成績が伸びた．「オタク」属性の有無で成績に変化はなかった．記述式アンケートで「本当のオタクはこんなに長い文章を読みたくない」と回答した男性の「オタク」の実験対象者がいた．いくらアプリの便利さと擬人化手法を使っても，長い文章を読みたくないのは一般的な傾向である．成績が伸びた対象の属性からみると，擬人化教育の適用対象が「大都市に住む「オタク」の女性」という傾向があった．

　しかし，擬人化手法と萌えキャラクターは普通に面白いと思われている．試しに機会があれば，使いたい人が数多い．問題点を改善した萌えキャラクター擬人化教育アプリであれば，使う人はさらに増えると考える．

おわりに

　本研究は，日本で開発された萌え擬人化教育教材「擬人化でまなぼ！」が，中国人ユーザーにも効果があるかどうかを実験的研究によって検証した．日本人で調査した結果では，「オタク」属性の男性の被験者は，普通の教材より萌えキャラクター擬人化教育教材を使ったほうが，学習効果がよかった．難しい専門用語を擬人化し，オタクの男性のなかで人気の美少女キャラクターに変身させる．キャラクターの外見や性格を通じ，擬人化された専門用語の意味や特徴を覚えられる．教材の内容も漫画や，キャラクターたちの会話の形で表現され，面白さは今まで使われてきた教材とは全然違う．

　しかし，中国での実験の結果は，萌え擬人化教育教材よりも，普通の教材を使ったグループのほうの成績が良いという結果になった．これは，学力が高い被験者を対象にしたため，普通の教材を使ったほうが，より効果を上げられたと考察した．学力が低い場合は，点数が性別やオタクなどの属性に影響されず，普通の教材を使う場合と変わらないと分かった．その原因は以下の3つと考えられる．

①　中国の「オタク」の属性を持っている男性には美少女キャラクターよりスポーツ系や雑誌の「ジャンプ」系のほうが人気がある．

②　擬人化は確かに学習内容を面白くしたが，キャラクターが似ていることや文章が長いことなどが原因で，実験対象者の教材に対する興味が薄れてしまう．

③　漫画やキャラクターは普通の趣味であって，自らの学習や試験勉強のためには，普通の教材のほうが効果的であると考えている．

　以上のような原因は考えられるが，キャラクターの人物設定は簡単に変えることができる．会話の長さなど，もっと学習効果を高めるための改善が今後の課題である．

　また，実験Ⅱの結果を見ると，擬人化教育の適用対象が「大都市に住む「オタク」の女性」という傾向がある．

　教材の内容をアニメの形で表現すれば，文章を読まなくても学習効果があるであろう．

　そして，スマホアプリには，新たな面白さや目標・計画を立てて管理する機能のような，ユーザーの学習意欲を高める改善を求める．

　萌えキャラクターだけでなく，女性向けのイケメンキャラクターや，子供向けのゆるキャラ擬人化も期待できるであろう．

1)　総務省　平成27年通信利用動向調査の結果　http://www.soumu.go.jp/johotsusintokei/statistics/statistics05a.html（最終アクセス日　2017年1月10日）
2)　ウィキペディア　https://ja.wikipedia.org/wiki/%E6%93%AC%E4%BA%BA%E5%8C%96（最終アクセス日　2017年1月10日）

3)　日経新聞　http://www.nikkei.com/article/DGXLASFL14H1U_U4A810C1000000/
（最終アクセス日　2017 年 1 月 10 日）

4)　塩入直哉・塙俊樹・長谷川大・白川真一・佐久田博司・大原剛三（2014）「擬
人化エージェントの暗喩的ジェスチャ自動生成および教育教材への応用」（電子
情報通信学会技術研究報告『信学技報』vol. 114, No. 82）51 頁.

5)　吉川直志・香川由夏・森石千早妃（2014）「小学校理科における擬人化体感学
習の利用の検討」（『名古屋女子大学「紀要」』第六十号）.

6)　羅洪群（2014）「将 "拟人化" 教育进行到底」『启蒙（3 ～ 7 岁）』编辑部邮箱,
2014 年 3 期, p. 31, 2014.

7)　斉穎（2012）「运用拟人化教育促进幼儿的心理健康发展」『新课程（上）』编集
部邮箱, 2012 年 01 期, p. 124.

8)　岡嶋裕史（2016）「なぜ「艦これ」を台湾人が支持したのか？世界を覆う「擬
人化」講座」クーリエ・ジャポン.

9)　長谷川大・佐久田博司（2013）「E-learning ガイドエージェントの姿勢変更
による学習への引き込み効果の測定」（電子情報通信会『信学技報』vol. 113,
No. 229）39 頁.

10)　佐々木果（2010）『「萌え」と「BL」のキャラクター構造と歴史性』（ナラティ
ブ・メディア研究会『ナラティブ・メディア研究』）105-125 頁.

11)　アンケート調査 URL　https://ks.sojump.hk/jq/9895195.aspx（最終アクセス日
2017 年 1 月 10 日）

12)　実験で使用した URL（最終アクセス日　2017 年 1 月 10 日）

被験者属性調査アンケート：https://sojump.com/jq/10797675.aspx

擬人組 I ：https://ks.sojump.hk/jq/10813189.aspx

擬人組 II ：https://ks.sojump.hk/jq/10904259.aspx

擬人組アンケート：http://tp.sojump.cn/jq/10933803.aspx

普通組 I ：https://ks.sojump.hk/jq/10903944.aspx

普通組 II ：https://ks.sojump.hk/jq/10904305.aspx

対比組 I ：https://ks.sojump.hk/jq/10928470.aspx

対比組 II ：https://ks.sojump.hk/jq/10928465.aspx

参 考 文 献

内田治（2010）『すぐわかる SPSS によるアンケートの調査・集計・解析［第 4 版］』
東京図書株式会社, 184-225 頁.

岡嶋裕史（2016）「なぜ「艦これ」を台湾人が支持したのか？世界を覆う「擬人化」
講座」クーリエ・ジャポン.

岡嶋裕史（2016）『擬人化でまなぼ！ネットワークのしくみ』翔泳社.

佐々木果（2010）『「萌え」と「BL」のキャラクター構造と歴史性』（ナラティブ・メ
ディア研究会『ナラティブ・メディア研究』）105-125 頁.

塩入直哉・塙俊樹・長谷川大・白川真一・佐久田博司・大原剛三（2014）「擬人化エージェントの暗喩的ジェスチャ自動生成および教育教材への応用」（電子情報通信学会技術研究報告『信学技報』vol. 114, No. 82）51 頁.

長谷川大・佐久田博司（2013）「E-learning ガイドエージェントの姿勢変更による学習への引き込み効果の測定」（電子情報通信会『信学技報』vol. 113, No. 229）39 頁.

松葉大吾（2016）「学校生活のすき間時間における一般の学習支援アプリの活用が学習者に与える学習効果に関する事例的研究」（『教育実践研究』第 26 集）247-252 頁.

山際勇一郎・服部環（2016）『文系のための SPSS データ解析』株式会社ナカニシヤ出版, 43-50 頁.

吉川直志・香川由夏・森石千早妃（2014）「小学校理科における擬人化体感学習の利用の検討」（『名古屋女子大学「紀要」』第六十号）.

羅洪群（2014）「将 "拟人化" 教育进行到底」『启蒙（3～7 岁）』编辑部邮箱, 2014 年 3 期, p. 31, 2014.

斉穎（2012）「运用拟人化教育促进幼儿的心理健康发展」『新课程（上）』编辑部邮箱, 2012 年 01 期, p. 124.

Axis powers ヘタリア　ホームページ　http://www.gentosha-comics.net/hetalia/cat4/（最終アクセス日　2017 年 1 月 10 日）

ウィキペディア　https://ja.wikipedia.org/wiki/%E6%93%AC%E4%BA%BA%E5%8C%96（最終アクセス日　2017 年 1 月 10 日）

キャラペディア　http://www.charapedia.jp/img_article/54/article_img_505ec6b280b5be7ed53fcc99773789ab.jpg（最終アクセス日　2017 年 1 月 10 日）

クレアラシルと kagerou project のコラボ公式サイト　http://kagerou.clearasil.jp/（最終アクセス日　2017 年 1 月 10 日）

翔泳社　https://www.shoeisha.co.jp/static/bookstore/116/20160218_gijinka.jpg（最終アクセス日　2017 年 1 月 10 日）

総務省　平成 27 年通信利用動向調査の結果　http://www.soumu.go.jp/johotsusintokei/statistics/statistics05a.html（最終アクセス日　2017 年 1 月 10 日）

Techcrunch 記事　http://jp.techcrunch.com/2015/12/22/quick-irroid/（最終アクセス日　2017 年 1 月 10 日）

日経新聞　http://www.nikkei.com/article/DGXLASFL14H1U_U4A810C1000000/（最終アクセス日　2017 年 1 月 10 日）

初音ミク公式ブログ　http://blog.piapro.net/wp-content/uploads/2014/07/U1407101-1.jpg（最終アクセス日　2017 年 1 月 10 日）

第 8 章

ソーシャルコマースにおける関係性の
埋め込みと信頼構造
——D2C スタートアップによるアーリーアダプター
　獲得動向からの考察——

亀 井 省 吾

は じ め に

　ソーシャルメディアの出現によって，企業，消費者の情報環境は大きく変容した．ソーシャルメディアは情報流通を簡易化し，企業，消費者から情報の受信者，送信者という立場を喪失した一方で，ロングテール市場を活性化した．つまり，ソーシャルメディアの口コミなどにより，販売数量が少なく商品種類が多いテールポジションの情報流通が活性化したのである．これにより，嗜好性やライフスタイルを重視しつつ，企業が消費者と直接コミュニケーションを行い，商品やサービスを販売するダイレクトマーケティング（Direct to Commerce, D2C）を実施するスタートアップが次々に生まれている．特徴として，従来の売り切りモデルではなく，ソーシャルメディアの情報を生かすソーシャルコマースを採用するなど，消費者との継続的な関係性を強化する傾向が挙げられる．ソーシャルコマースについては，未だ解釈は多義的であるが，本稿では，売買やサービス提供等の EC においてソーシャルメ

ディアを活用したものと定義する.

　一方,消費者の購買意思決定プロセスも,ソーシャルメディアの登場により大きく変わった.口コミのマーケティングにおける重要性について,Rosen (2000) では,マスメディアなどからの情報は過剰で,人間の処理能力を超えるような情報量との接触はノイズにしかならないこと,そして,消費者は企業からの情報に対して懐疑的になっている点に言及し,ソーシャルメディアは消費者同士の情報共有を実現したとしている.しかしながら,今日におけるソーシャルメディアからの情報も,過剰でノイズが多く,視聴者が懐疑的な目を向けていることは,フェイクニュースの散乱状況からも明らかである.では,消費者は一体どのように確かな情報を得ているのであろうか.ネット社会での活用が期待されるソーシャルキャピタルについて,Fukuyama (1995) では,「信頼が社会に広くいき渡っていることから生じる能力」であるとして,信頼概念に着目している.

　本稿では,ソーシャルコマースにおいて,商品,サービスの初期採用者であるアーリーアダプター層に着目し,その購買意思決定プロセスについての仮説実証を試みるものである.仮説を関係性の埋め込みと信頼の構造というパースペクティブから導出することにより,そのコミュニケーションの一端を明らかにすることを目的とする.方法については,先行研究のレビューを通して仮説導出した上で,ソーシャルコマースを実施している D2C スタートアップ提供の顧客アンケート,ならびに当該スタートアップ代表へのインタビューを実施する.

1. 先行研究レビュー

1-1. アーリーアダプター

　Bettman (1979) では,消費者を情報処理系と考え,消費者が購買に至るまでの問題解決プロセスとして消費者情報処理モデルを提示した.当該アプ

ローチでは，消費者を，問題解決，目標達成をするために必要な情報を積極的に収集処理する能動的存在としてとらえた上で，その選択は処理能力の限界ゆえ，過去の経験，外部情報などの影響を受けつつ，一定範囲内で行われるとしている．

Rogers（1962）では，新しいモノや考え方であるイノベーションが普及する際，初期採用者であるアーリーアダプター層に，オピニオンリーダーシップの役割を見いだし，一般大衆への普及に重要な影響を与えるインフルエンサーとして位置づけた．

イノベーションなどの普及に際して，他者の採用を参考に自分のイノベーションに対する採用を決定するというような事象を社会的伝染（social contagion）という．Coleman, et al.（1966）では，新しい抗生物質「テトラサイクリン」（tetracycline）の医師の間での普及状況から，社会的伝染がどのようにして起こるのかを示している．さらに，Burt（1987）では，社会的伝染において情報の転移が起こる誘因を「直接結合（cohesion）」として示した．直接結合モデルはエゴ（ego）と他者（alter）の社会化に焦点をあて，エゴと他者の間のコミュニケーションが頻繁かつより親密なほど，他者の採用はエゴの採用を促進する．他者とイノベーションについて議論することで，エゴは採用のコストや便益に関するある規範的，社会的な理解に到達すると指摘している．

1-2. ソーシャルキャピタルと信頼

ソーシャルキャピタルについて，Coleman（1990）では，「単体の実体ではなく，異なる実体の集合である．これらは社会的構造の側面を構成する．そして，構造内にいる個々人のある行動を促進する」とした．Fukuyama（1995）では，信頼の役割を特に強調し，「信頼が社会に広く行き渡っていることから生じる能力」と説明した．信頼について，山岸（1998）では，「社会的不確実性の存在する状況，すなわち，相手が利己的にふるまえば自分がひどい目にあってしまう状況で，相手が利己的にふるまうことはないだろうと期待

することが，その相手を信頼すること」と述べ，「信頼性」は信頼される側の特性であり，信頼は信頼する側の特性であるとしている．また，Putnam (1993) では，「社会的信頼を支える規範は，取引コストを低減させ，協力を増進させるために少しずつだが発達する．この種の規範でもっとも重要なのが互酬性である」と述べ，さらに「均衡のとれた互酬性」の重要性を指摘している．つまり，信頼を生むためには互酬性が必要との見解を示している．

1-3. 埋め込まれたつながり

Granovetter (1985) では，「埋め込み (embededdedness)」について，「人は他者とのつながりのネットワークに埋め込まれており，その範囲内でビジネスを行い，したがってその関係性に影響を受ける」ことを示唆している．入山 (2019) では，「この埋め込まれたつながりの中で，人は合理性よりも，ヒューリスティックな意思決定に頼るようになる」とし，信頼が生まれてくるとしている．さらに，両者は互いに心理的に近い状態にあるので，利己心が弱まり，時に自身より相手の利得を優先し，逆に相手にもそのような利他心を期待するようになるとしている．Polidoro, et al. (2011) では，関係性の埋め込みとして，人は一度つながった相手と繰り返しつながり，その関係性が安定していく傾向があるとしている．また，Gulati & Gargulo (1999) では，日米欧企業 166 社の 20 年にわたるアライアンスデータを使った統計解析から，以前アライアンスを多く組んだ経験のある 2 社ほど，事後的に互いにアライアンスを組む確率が高いことを明らかにしている．

1-4. 仮説構築

消費者について，Bettman (1979) における消費者情報処理アプローチでは，問題解決や目標達成のために必要な情報を収集処理する能動的な存在としてとらえている．また，新しいモノや考え方が普及していく際に，Rogers (1962) では，アーリーアダプター層が大きな影響力を持つことを指摘した．その層がオピニオンリーダーとして影響を他者に与えていくプロセスにつ

き，Burt（1987）は，情報転移の誘因を，頻繁かつ親密なコミュニケーションから生じる「直接結合（cohesion）」として提示した．一方，Coleman（1990），Fukuyama（1995），Putnam（1993）らのソーシャルキャピタルとGranovetter（1985）らの埋め込みに関する先行研究からは，他者とのつながりのネットワークに埋め込まれた，社会における個々人の原動力としてのソーシャルキャピタルは，信頼が社会に行きわたることから生じ，その信頼を生むためには互酬性が必要との指摘がある．

　また，Bettman（1979）は，消費者の選択について，情報処理能力の限界ゆえ，過去の経験，外部情報などの影響を受けつつ，一定範囲内で行われるとしている．入山（2019），Polidoro, et al.（2011），Gulati & Gargulo（1999）では，関係性が埋め込まれた状況において，人はヒューリスティックな意思決定に頼り，一度つながった相手と繰り返しつながり，その関係性は安定していく傾向があるとしている．つまり，互酬性から生じる信頼は，頻繁で親密なコミュニケーションから生じる「直接結合（cohesion）」を通じて，関係性として埋め込まれ強化されていくと理解できる．

　以上の先行研究レビューから，アーリーアダプターのソーシャルコマースにおける購買意思決定プロセスについて，本稿では以下の仮説を提示する．

　　仮説1：ソーシャルコマースにおける供給者とアーリーアダプター間では，頻繁で親密なコミュニケーションが起こり，互酬性から信頼が生まれる．

　　仮説2：アーリーアダプターは，供給者への信頼強化を通じ，繰り返しつながるようになる．

　　仮説3：アーリーアダプターは，オピニオンリーダーとして他者へ影響を与えていく．

2. 事例企業の概要

　GO プランニングは，飯渕弘成氏が個人事業として 2017 年 6 月に創業し，現在は東京都墨田区を本拠とするスタートアップ事業者である．天然素材を主に使用し，環境負荷の少ない洗剤や，敏感肌や乾燥肌に悩む方向けのスキンケアブランド「Natura Check」（日本名：ナチュラチェック）の企画・販売を行っている．取扱商品は，自社開発の洗顔石鹸，化粧水，無添加泡ハンドソープ，食器用液体石鹸，洗濯槽クリーナー他，他社ブランド商品である．価格帯はそれぞれ，洗顔石鹸 80g：1,980 円，化粧水 145ml：3,980 円，無添加泡ハンドソープ 300ml：780 円，食器用液体石鹸 300ml：680 円，洗濯槽クリーナー 200g：680 円となっており，同種の他社製品と比較し，やや高価格な設定となっている（全品送料無料）．

　飯渕代表は，石鹸製造販売企業に勤めた経験から，日本全国ではアトピー性皮膚炎を筆頭に肌のトラブルを抱えた人が多く，それを解決することで顧客を笑顔に変えることができると実感していた．また，広告の売り文句を鵜呑みにし，スキンケアの添加物に対する知識不足も相まって，自分が求めない結果を生む商品を試し続けている「スキンケア難民」の多さに着目し，「スキンケア難民ゼロ化のパイオニアになる」ことをビジョンとして掲げて

図 1　ナチュラチェック商品

出所：GO プランニング提供資料

いる．スキンケア事業参入への覚悟として，「疑心暗鬼な顧客に安心して関わってもらって，はじめて成り立つ」とし，「聴く，寄り添う」時間を徹底して確保することで，より多くの幸せと固定客を生み出すスタイルを信条としている．

　同社のビジネスモデルは，自社では商品企画と販売のみ行い，製造は他社工場へ委託する形態である．自社の商品企画は，スキンケア商品の原料となるパーム油，パーム核油の配合割合や，遊離アルカリ残存防止やpH値の設定などコンセプトデザインの考案，そして，低温釜焚製法や枠練り製法などデザインと相性の良い製造工程を選択することに集中している．その上で，製造工程の技術を持つ委託工場を選択して発注する．委託工場は，飯渕代表の指示を受け，原料調達，化粧品製造販売申請，製造包装作業全般を実施する．

　商品販売においては，代表自身が出演するライブ動画を配信し，視聴者がリアルタイムに質問やコメントをしながら商品を購入できるソーシャルコマースの一種であるライブコマースを活用している．同社のライブコマースでは，ユーザーが商品に関し納得いくまで質問し，自分の敏感肌に合った原

図2　商品企画と委託製造

出所：GOプランニング提供資料

図3 共創型ビジネス

出所：GOプランニング提供資料

材料を選定できる．一方で，同社も獲得したユーザーニーズのフィードバックを活用して商品改良している．つまり，同社は，肌のトラブルに関する情報を発信し，顧客と共に自社ブランドを構築し，商品販売する共創型ビジネスを展開している．

3. 顧客アンケート

本研究への協力目的を明示した上で，GOプランニングよりリピーター及びリピーター予備軍顧客20名に対し，Googleフォームアンケートを2020年6月5日から6月12日にかけて実施した．なお，協力者の個人情報に配慮し，本アンケートは連結不可能匿名化された情報にて実施している．アンケート対象の年齢層は30代，40代が各35%と合計70%を占めるほか，20代と50代が各15%．

3-1. アンケート質問内容

アンケート質問は以下のとおり，9項目からなる．

①ナチュラチェックブランド（以下ナチュラブランド）を知ったきっかけを

教えてください.

②これまでに何回ナチュラブランドの商品を購入しましたか?

③誰が使うためにナチュラ製品を購入しましたか?

④ナチュラブランドをどれくらい信頼していますか?

⑤ナチュラブランドと他社ブランドの購入のきっかけについて教えてください.

⑥商品やサービスに満足した点を,購入何回目に誰に話しましたか?

⑦ナチュラブランドを使い,お肌の悩みが改善しましたか?　お肌の悩みがすべて解決しましたか?

⑧ナチュラ配信には,これからも参加したいと思いますか?　参加したい理由は何ですか?　参加する際の希望ツールを教えてください.

⑨ナチュラファンの方との交流する場所(オンライン含む)ができたらいいなと思いますか?　また,その理由を教えてください.

3-2.　アンケート結果

①ナチュラチェックブランドを知ったきっかけを教えてください.(19件回答)

以下グラフ1のとおり,ブランド認知の契機は,メルカリチャンネル,ヤフオク!ライブ,BASE ライブにおける同社のライブコマース中継によるものが68.4% を占め,Instagram における同社投稿,ダイレクトメッセージ,

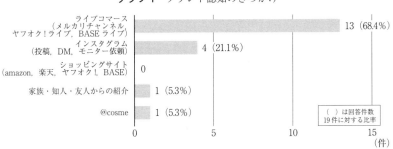

グラフ1　ブランド認知のきっかけ

出所:GO プランニング提供資料

モニター依頼による PR 投稿によるものが 21.1% と，約 90% の認知契機が
ソーシャルメディア経由となっている．

②これまでに何回ナチュラブランドの商品を購入しましたか？（20 件回答）

　以下グラフ 2 のとおり，商品購入回数は 3 回，10 回が各 30.0%，5 回が
20.0% と合計 80.0% を占め，平均は 5.9 回となった．

グラフ 2　商品購入回数

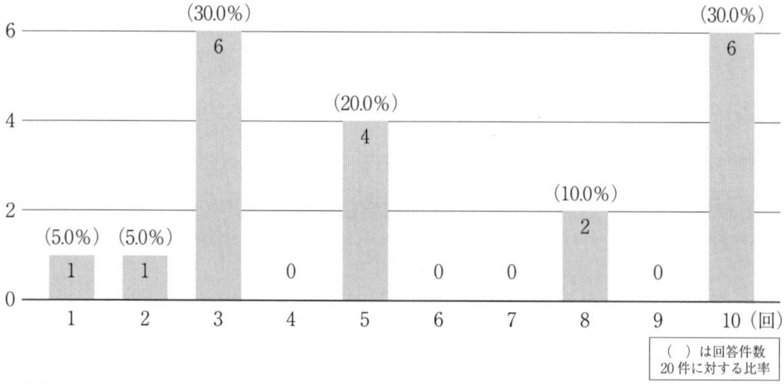

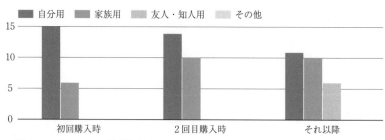

出所：GO プランニング提供資料

③誰が使うためにナチュラ製品を購入しましたか？（複数回答可）

　以下グラフ 3 のとおり，初回購入と比較し回数が進むにつれて，家族や友

グラフ 3　回数毎の購入目的推移

出所：GO プランニング提供資料

人用の購入が増加する傾向にある.

④ナチュラブランドをどれくらい信頼していますか？　10 段階で評価して
ください.

　以下表のとおり，同ブランドへの信頼度は購入回数が進むにつれて上昇傾
向にある．初回，2 回目，現在で信頼度数の 10 段階評価平均は，7.16（SD
標準偏差 =2.62），8.94（同 1.83），9.84（同 0.49）となっている.

表　信頼度数平均推移

（N ＝回答件数）

	時点	平均	SD	N
信頼度数	初回購入時	7.16	2.62	19
	2 回目購入時	8.94	1.83	17
	現時点	9.84	0.49	19

出所：GO プランニング提供資料

⑤ナチュラブランドと他社ブランドの購入のきっかけについて教えてくださ
い．（複数回答可）

　以下グラフ 4 のとおり，同ブランドの購入動機について，「使いごこち」
や「使用後の肌の変化」の機能面に関する項目は他社ブランドをやや下回る
結果となる一方，他社ブランドを顕著に上回っているのは，「安全性につい

グラフ 4　購入動機比較

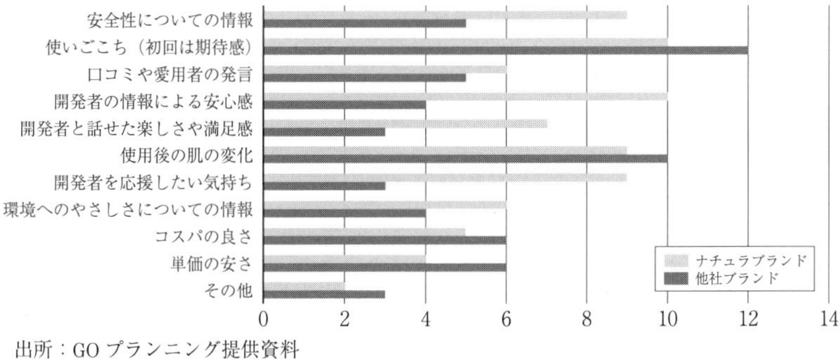

出所：GO プランニング提供資料

ての情報」,「開発者の情報による安心感」,「開発者と話せた楽しさや満足感」,「開発者を応援したい気持ち」,「環境へのやさしさについての情報」の項目となっている.

⑥商品やサービスに満足した点を,購入何回目に誰に話しましたか？（複数回答可）

　以下グラフ5のとおり,家族には,1回目6件,2回目8件とそれぞれアンケート対象の30%,40%が,友人には,1回目6件,2回目5件とそれぞれ30%,25%が話したと回答している.

グラフ5　満足した点を話した相手

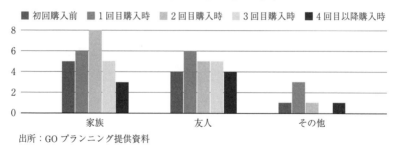

出所：GOプランニング提供資料

⑦ナチュラブランドを使い,お肌の悩みは改善しましたか？（19件回答）お肌の悩みはすべて解決しましたか？（18件回答）

　回答件数のすべてが肌の悩みは改善したとしている一方,55.6%が肌の悩みが完全には解決していない結果となった.

⑧ナチュラ配信には,これからも参加したいと思いますか？（19件回答）参加したい理由は何ですか？　参加する際の希望ツールを教えてください（19件回答：複数回答可）

　回答件数のすべてが同社のソーシャルコマースの場であるナチュラ配信に参加したいとしている.以下グラフ6のとおり,参加したい主な理由とし

グラフ6　参加したい理由

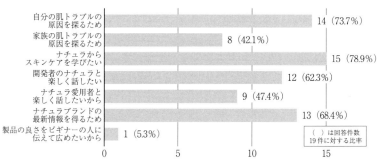

出所：GOプランニング提供資料

て，「スキンケアを学びたい」，「肌トラブルの原因を探るため」，「同ブランドの最新動向を得るため」，「開発者と楽しく話したい」と回答した．また，参加の際の希望ツールは，94.7%がInstagramでのライブ配信とした．

⑨ナチュラファンの方との交流する場所（オンライン含む）ができたらいいなと思いますか？（19件回答）また，その理由を教えてください（12件回答：複数回答可）

　回答件数の63.2%がファン交流の場を希望する結果となり，グラフ7のとおり，主な希望理由として，「肌や生活の悩みの共有」，「より美しくなれる情報の共有」を挙げた．

グラフ7　交流の場の希望理由

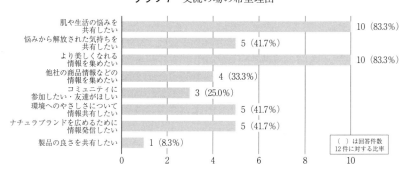

出所：GOプランニング提供資料

4. 供給者インタビュー

　以下は，GO プランニング代表 飯渕弘成氏への半構造化インタビューである．2020 年 6 月 25 日 14：00 ～ 16：00，同 28 日 18：00 ～ 20：00 に Zoom によるビデオ通話により実施．

質問 1：ライブコマースはどのように実施していたか？　今は実施していないのはなぜか？　それに代わるツールは何でどのように実施しているか？

飯渕氏：ライブコマース開始時（2017 年 8 月）は，メルカリチャンネルを活用していた．メルカリチャンネルとは，従来のメルカリの出品，販売機能をそのまま活用して，ライブ配信で出演しながら販売ができるサービスのことである．販売者は，ライブ配信中，画面下部にチャット形式で表示される視聴者メッセージに応答することで，リアルタイムで 1 対多のコミュニケーションをとることができる．ナチュラチェックブランドを立ち上げた当初，無名ブランドながら発信力を得るために，このライブコマース配信に主として取り組んだ．相談をしてきた視聴者一人ずつのスキンケアについての悩みを聴いては，原因と考えられる視聴者の習慣などから，改善策を提案するスタイルをとっていた．一人の相談を受けている間，視聴者の大部分はコメントを行わないが，情報入手のためか視聴していることが多い．この開発者兼販売者である自分と直接コミュニケーションをとれる場において，アーリーアダプターによる購入後の感想コメントが安心感を生み出し，未購入者を新たな購入者へと移行させていた．しかし，現在はメルカリチャンネルをはじめとした国内勢がライブコマースから撤退傾向にあるため，活用機会が少なくなっている．それに代えて活用しているライブツールは，Instagram ライブ配信である．視聴者が商品を購入するための動線は用意されていないものの，購入の際には楽天市場や amazon を中心とした通販サイトを活用する流

れとなっている.

質問2：ユーザーの信頼を高める工夫は何か？　新規ユーザーに対しては？
　　　継続ユーザーに対しては？

飯渕氏：ライブ配信時，視聴者に求められたときのみ商品説明を行うことに
より，「売りたい」雰囲気ではなく，「安心してスキンケアの相談ができる
場」としてイメージを定着させることができていると思う．販売者側が売り
たいという利己的な態度を見せると，それを察知した未購入者は売りつけら
れそうなプレッシャーからその場を離れる傾向にある．相談ルームとしてひ
たすら視聴者からの相談に寄り添い，できる限りの情報を提供することで，
安心感や信頼感が生まれたと感じている．未購入者は，そこではじめて，自
ら商品を試したい気持ちになり購入し実際に使用する．使用して想像以上の
使用感や肌の状態変化が現れると更に信頼度は高まり，継続ユーザーへと移
行するのではないかと思う.

　一方，継続ユーザーに対しては，まだ購入していない別商品の商品力が重
要になると考えている．例えば看板商品の洗顔石鹸の商品力を認めた顧客に
とって，同じブランドであれ化粧水が自分の肌に合う保証はない．しかし化
粧水を購入し，それもお肌に合ったとなれば，更に開発者及びブランドへの
信頼感が高まる．そのため，妥協なき商品開発こそが，継続ユーザーに対す
る信頼関係構築に重要な要素になると考えている．それに加え，継続的に
Instagramでのライブ配信やInstagramダイレクトメッセージ機能を通して
コミュニケーションを行うことにより，いつでもきちんと顧客に向き合う姿
勢があると示すことが，更に安心感を生み出せると考えている．顧客心理を
考えるとき，相談した際にどれだけ丁寧な対応をされるかについての不安が
あると考え，ダイレクトメッセージへの返信など，時間のかかることでもで
きるだけ丁寧に対応するよう心掛けている.

質問3：今後，どのように顧客と接点を持ち，情報を届けるつもりか？　SNS

での口コミはどのように活用していくのか？

飯渕氏：「スキンケア難民」を中心顧客とする以上，信頼関係の構築が欠かせない．また，情報を届けるというよりは，まずは顧客の悩みへの傾聴が基本的な姿勢であるべきであると考えている．個別コミュニケーションを積極的にとろうとするスキンケアメーカーが少ない中で，あえて顧客一人ずつの声を傾聴し顧客インサイトに触れることは，最適化した情報提供や製品開発を行える機会となる．そのために，現在主流となっている Instagram ライブ配信を中心に，オンラインサロンやパーソナライズ製品企画を通じ One to One コミュニケーションに励みたい．加えて，当社の製品は天然素材を主に使用し，環境負荷が少ない点に特徴がある．今後その点の情報発信にも注力し，「当ブランドを使うほど，環境負荷の低減に貢献できている」点を広く認知してもらうことを，当ブランドの競争力の一つとしていきたいと考えている．

SNS での口コミの存在は，当方の配信を視聴しない顧客に対する「自動営業ツール」であると言える．そのため，できるだけ多くの口コミを集められるよう，商品発送時にお試しサイズの製品をプレゼントで入れることや，商品へのこだわりについて記載されたチラシを封入するなど，「価値ある物を手にした」感覚を持ってもらえるよう工夫をしている．サイトによっては口コミに返信をすることができるため，特に不安を持っていると感じられる顧客に対しては丁寧に返答することにより，口コミ投稿者及び口コミを参考にしようとする顧客に安心を届けたいと考えている．

5. 考　　　察

本稿では，アーリーアダプターのソーシャルコマースにおける購買意思決定プロセスについて，関係性の埋め込みと信頼の構造というパースペクティブから考察し，そのコミュニケーションの本質を明らかにすることを目的と

して，以下の仮説を設定している．

　　仮説 1：ソーシャルコマースにおける供給者とアーリーアダプター間では，頻繁で親密なコミュニケーションが起こり，互酬性から信頼が生まれる．

　　仮説 2：アーリーアダプターは，供給者への信頼強化を通じ，繰り返しつながるようになる．

　　仮説 3：アーリーアダプターは，オピニオンリーダーとして他者へ影響を与えていく．

　以上の仮説に基づいて，事例企業のアンケート及びインタビューデータを分析し考察を進める．アンケート対象者は当該ブランド平均購入回数が 5.9 回，その 95% が複数回購入ユーザーであることから，創業以来 3 年程度経過の同ブランドにおいて，初期採用者であるアーリーアダプターと認識可能なものと判断する．アンケート結果から，そのアーリーアダプターは，主にライブコマースで販売者から直接的に，あるいは他者との会話を通じて間接的に，安全性，使い心地，環境へのやさしさに関する情報を得て，販売者兼開発者と話せた楽しさや満足を感じながら商品を購入している姿が浮き彫りとなった．さらに，回答者全員が同社のソーシャルコマースの場であるナチュラ配信に参加したいと回答し，参加したい主な理由として，スキンケアを学びたい，肌トラブルの原因を探るため，同ブランドの最新動向を探るため，開発者と楽しく話したいと回答している．また，供給者への信頼感は，購入を重ねるごとに高まっている結果となった．

　供給者自身も「情報を届けるというよりは，まずは顧客の悩みへの傾聴が基本的な姿勢であるべき」とし，「顧客一人ずつの声を傾聴し顧客インサイトに触れることは，最適化した情報提供や製品開発を行える要素となる」と答えている．アンケート結果も，「購入動機において同ブランドが他社ブランドを顕著に上回っている」項目が，安全性についての情報，開発者の情報による安心感，開発者と話せた楽しさや満足感，開発者を応援したい気持ち，環境へのやさしさとなっている．これらの結果から，供給者とアーリー

アダプター間では，頻繁で親密なコミュニケーションが起こり，供給者の親身な悩みへの傾聴に対しての商品購入，そしてさらなる親身な傾聴という互酬性のスパイラルが発生することで信頼感が高まり，繰り返しつながるようになっている様子がうかがえ，仮説1と2は支持される．なお，本ブランド商品を使用しても，悩みが完全に解決していない状況が多く見られる中で，繰り返しの購入と信頼の高まりという結果が，このコミュニケーションによる互酬性からの信頼を一層支持する結果となっている．まさに，関係性の埋め込みにおいては，ヒューリスティックな意思決定に頼り，一度つながった相手と繰り返しつながり，その関係性が安定していく傾向があることが見て取れる．つまり，互酬性から生じる信頼は，より頻繁で親密なコミュニケーションから生じる「直接結合（cohesion）」を通じて，関係性として埋め込まれ強化されていく．

また，アンケートからは，購入者らが早い段階で家族，友人へその商品について話していたことがうかがわれ，また，購入回数を重ねるごとに，購入目的も，自分用から家族友人用へと広がりを見せる．回答者の63.2%がインスタグラムを筆頭としたSNSによるファン交流の場を希望し，主な希望理由として，肌や生活の悩みの共有，より美しくなれる情報の共有を挙げた．供給者自身も「SNS口コミの存在は，当方の配信を視聴しない顧客に対する『自動営業ツール』である」とし，「できるだけ多くの口コミを集められるよう，商品発送時にお試しサイズの製品をプレゼントで入れることや，商品へのこだわりについて記載されたチラシを封入するなど，『価値が高い物を手にした』感覚を持ってもらえるよう工夫をしている」としている．これらの結果から，仮説3は支持されると判断した．

おわりに

事例による実証分析から，仮説1，2，3は支持されうる結果となった．本

事例による検証は，アーリーアダプターのソーシャルコマースにおける購買
意思決定プロセス態様として，供給者と消費者の互酬性から生じる信頼は，
頻繁で親密なコミュニケーションから生じる「直接結合（cohesion）」を通じ
て，関係性として埋め込まれ強化されていくことが判明した．コトラー
（2010）で述べられたマーケティング 3.0 の段階では，世界をより良い場所に
する目的のもとに，消費者は供給者に精神的価値提案を求めている．飯渕代
表のインタビューにおいても，今後は「環境へのやさしさ」をユーザーへ訴
求していきたいとしている．信頼が消費者を取り巻く社会という関係性のつ
ながりの中に埋め込まれ，互酬性が供給者と消費者双方から他者へと広がり
を見せるのか，コミュニケーションの質がますます問われる時代に入ってき
たようである．

参 考 文 献

入山章栄（2019）『世界標準の経営理論』東京：ダイヤモンド社，439-454 頁．

フィリップ・コトラー（2010）『コトラーのマーケティング 3.0 ―ソーシャル・メディ
ア時代の新法則―』東京：朝日新聞出版．

山岸俊男（1998）『信頼の構造―こころと社会の進化ゲーム―』東京：東京大学出版
会，38 頁．

Bettman, J. R. (1979), *An Information Processing Theory of Consumer Choice*, MA:
Addison-Wesley.

Burt, R. S. (1987), "Social contagion and innovation, cohesion versus structural
equivalence", *American Journal of Sociology*, vol. 92, pp. 1287-1335.

Coleman, J. S. (1990), *Foundations of social theory*, Cambridge: Harvard University
Press, p. 302.

Coleman, J. S., Katz, E., & Menzel, H. (1966), *Medical innovation, a diffusion study*,
Indianapolis: The Bobbs-Merrill Company.

Fukuyama, F. (1995), *Trust*, New York: Free Press.

Granovetter, M. (1985), "Economic Action and Social Structure, the Problem of
Embeddedness", *American Journal of Sociology*, Vol. 91, No. 3, pp. 481-510.

Gulati, R., & Gargiulo, N. (1999), "Where Do Interorganizational Networks Come From? ",
American Journal of Sociology, Vol. 104, No. 5, pp. 1398-1438.

Polidoro, F. Jr., Ahuja, G., & Mitchell, W. (2011), "When the Social Structure Overshadows
Competitive Incentives: The Effects of Network Embeddedness on Joint Venture

Dissolution", *The Academy of Management Journal*, Vol. 54, No. 1, pp. 203 – 223.

Putnam, R. (1993), *Making Democracy Work*, Princeton: Princeton University Press.

Rogers, E. M. (1962), *Diffusion of innovations*, NewYork: Free Press.

Rosen, E. (2000), *The Anatomy of Buzz*, London: HarperCollins Business.

第9章

英語の協働ライティングにおける協働学習の
効果の測定に関する考察
——圧縮度にもとづく類似度測定法の検討——

橋 本 健 広

は じ め に

外国語教育の現場では，グループ活動やプロジェクト型学習として協働学習が広く実施されている．特に，2000 年代以降のウェブ技術の向上によりコンピュータ上での同期的な協働学習が可能となり（Strobl 2014），初等教育から高等教育に至るまで，外国語教育における協働学習は，一斉学習，個別学習に加え，教室の内外で浸透していくことと思われる．

外国語教育における協働学習（以下，単に協働学習と述べる）とは，複数の学習者が，グループまたはペアで 1 つの作品を互いに学びあいながら構築し，その過程を通して外国語を習得する活動のことである．協働学習の利点は，学習者どうしで互いに外国語の能力を向上しあう機会を与え，かつオーセンティックな言語を使用する機会を与えられることである（Mak & Coniam 2008, Storch 2005）．その反面，協働学習では，グループ内部でどのような学習が行われているかという学習のプロセスを教師が把握しにくい．学習者が作成した構築物を分析することで，グループ内部で実質的な学習がなされた

かどうか確認できないだろうか．協働学習の活動には，プロジェクト型学習やグループ活動はもとより，プレゼンテーションやディベートなどさまざまな活動があるが，本論では特に，大学生が英語の授業においてグループでエッセイを書くという協働ライティングを取りあげる．本論の目的は，大学生を対象とした英語の協働ライティングにおいて，協働学習の効果を測る量的方法を模索することであり，特に圧縮度にもとづく類似度測定法の可能性を検討する．

1. 協働ライティング

英語教育学の分野では，協働学習（collaborative learning）[1]とは，学習者が，助言や指導を与える自分より熟達度の高い人物と取り組む学習活動であり，共同体の中で知を獲得するという社会構築主義に根差している（Oxford 1997）．特にヴィゴツキーの社会文化理論では，学習は社会的なものであり，知識は社会の個人どうしの交わりにおいて構築され，内在化される（Lantolf 2000, Vygotsky 1986）．学習者がグループで1つの課題に取り組み，互いに協力し外国語を使用する中で，他の学習者の表現を学んだり自分で気づくなどして，外国語運用能力が向上する活動といってよい．協働ライティングとは，協働学習におけるライティング活動であり，2人以上の書き手が協働して1つのテキストを書くことである（Storch 2013）．

この協働ライティングを実践する際，学習者の行動や様態にいくつかの類型がみられることがわかっている．たとえば以下のような協働学習のプロセスが指摘されている．

1) メンバーどうしがどのようなパターンで課題をすすめるか（Noël & Robert 2004）

   a) 連続型．1人が書いた後，次の学習者が続きを書き，順番に終わりまで続く．

　　b）並行型．内容を決めておき，担当を割り振って，各学習者が担当部
　　　分を書く．

　　c）1人型．1人の学習者がほとんどすべてを書き，他の学習者は修正な
　　　どで参加する．

2）時間を経るごとに活動内容がどう変化するか（Kessler & Bikowski 2010）

　　a）はじめのブレインストーミングの段階．構想を考えたり作り直した
　　　りする．

　　b）実作業の段階．方向性が定まり，学習者が実際に書く作業をする．

　　c）振り返りの段階．最後まで書けた後，推敲したり校正したりする．

3）ペアどうしの関係性により学習方法がどう変わるか（Storch 2002）

　　a）親密さと平等性．お互い親密で力関係が平等である場合，学習効果
　　　が得やすい．

　また，できあがった成果物に対し，複雑で一貫性のあるテキストとなって
いるかを確認するのは，重要な教育的視点である（Mak & Coniam 2008）．

　一方，学習者に焦点を当ててみると，協働ライティングの実践では学習者
に以下のような個別の事情が浮かびあがる．

1）教室外の聴衆がいると学習者によい影響を与える（Debski 2006）

2）書きかけの作文を人に見られるのを嫌がる場合がある（Lund 2008）

3）他人の文章を構成するのに抵抗がある学習者がいる（Arnold et al. 2012,
　Lee 2010）

4）学習活動に参加しない学生がいると他の学習者が不公平感を抱く（Strobl
　2014）

　以上を踏まえ，教師は，以下の点に留意しながら授業で協働ライティング
を実施することになるだろう．

　・各グループの協働ライティングのパターンはなにか（連続型・並行型・1
　　人型など）

　・現時点で各グループは協働ライティングのどの段階にいるか（初期，作
　　業，校正）

・できあがった成果物は適切な形式・密度を保っているか

・聴衆を配置し学習者の動機づけを高めているか

・学習者の抵抗感に対処しているか（書きかけの文章を見られることの抵抗感，他人の文章を直すことへの抵抗感，フリーライダーへの不公平感など）

　教師が学期や授業の途中で協働ライティングにおける学習者の行動や様態を確認するには，Google ドキュメント，OneNote，Quip，Scrapbox といった同期的文書作成ツールを使用して可視化すると確認しやすい．同期的文書作成ツールとは，複数の執筆者が同一の文書を同時に編集できるツールのことである．たとえば Google ドキュメントでは，文書を共有した執筆者全員が文書を同時に編集でき，画面上に他の執筆者がいて文書を編集している場合，名前が表示されるとともに編集した単語や文が入力と同時に画面に反映される．一般に，イントラネット上でのファイル共有はファイルロック方式をとる場合が多く，その場合複数の共有者が同時にファイルを編集することはできない．同期的文書作成ツールは，クラウド上の文書作成ツールである場合が多いが，複数の共有者による編集を前提として設計されている．たとえば Google ドキュメントで保存される情報は，単一のファイルではなく，文書への入力というリクエストの集合と，それらをまとめたアップデート文書群である．最新のアップデート文書とその後のリクエストが画面上に表示される（Google Developers, "Introduction"）．このため，アップデート文書を逆に辿って文書の構築すなわち学習者の協働ライティングの参加の変遷を可視化することが可能である．

　教師は学習者がどのように協働ライティングを行っているかについて，彼らの取組を可視化することで確認できる．教師にとって協働ライティングを実践するうえで問題となるのは，教師が協働ライティングの効果をどう判断できるかであろう．

　成果物を確認し，テキストの適切さ，正確さ，複雑さおよび一貫性のある構造などを測ることで協働ライティングの効果を測ることもできる．しかしながら，グループが 1 人型のパターンで協働ライティングを進めた場合やグ

ループ内に抵抗感を示す学習者がいた場合，協働ライティングの効果は疑問視するべきである．ヴィゴツキーの社会文化理論では，学習者はより高次の個人と交わることにより，現在の能力を潜在的に向上可能な能力へと近づける（Vygotsky 1978）．協働ライティングの最終的な成果がいかに秀逸なものであろうと，1人型のパターンであったり抵抗感を抱いたままの学習者がいたりして，グループ内で学習の跡が認められなければ，互いに学びあうという協働ライティングの本質が実践されておらず，効果的な学習であったとはいえないかもしれない．

　グループの内部で協働学習がなされたかどうかの判断には，グループ内の各学習者の書いたテキストを検討する方法が考えられる．本論では，協働ライティングが効果的に行われたとき，グループ内の各学習者の書いたテキストに何らかの統一または類似性がみられると仮定する．お互いがお互いの書いたテキストをみて，外国語の表現を学び取り，自分の中に取り入れ，また書き表すことで，全体に表現上の類似性がみられるテキストが成果物としてできあがると考えたい．この仮定をもとに，グループ内の各学習者の書いたテキスト（文書）の類似度を調べ，各学習者の書いたテキストがグループごとにまとまっているかどうかを検討して，協働学習の効果を測る．

2.　類似度測定法

　文書の類似度の測定にはさまざまな方法がある．学問分野によって，あるいは個々の研究者の評価視点によって，異なるカテゴリーに分けられたり，あるいは複数のカテゴリーに分けられたりする．以下に示すのは，情報検索の分野で扱われる代表的な文書の類似度測定法の例である（マニング・ラグァヴァン・シューチェ 2012）．

1）用語重み付け

　　a) tf-idf. 用語頻度と逆文書頻度の組合せ．ある用語が少数の文書で数

多く出現するほど高い．文書の重み付けに一般的に使われる．

2) テキストの分類問題

   a) ナイーブベイズテキスト分類．ある文書があるクラスに属する確率を，条件確率と事前確率を用いて，最大事後確率を求める．

3) ベクトル空間分類．各用語に対応したベクトル成分を持つベクトルとして文書を表す．成分は tf-idf などで重み付けされる．機械学習法を含む．

   a) コサイン類似度．2 文書のベクトル表現の内積（角度）を計算する．

   b) ユークリッド距離．2 文書のベクトル表現のベクトル差の大きさを計算する．

   c) ロッキオ分類．文書集合のクラスごとの重心を求め，2 つの重心から等距離にある点の集合を境界としてクラスを分離する．線形分類器の 1 つ．

   d) kNN 分類法．文書を k 個の最近傍の中で最も多いクラスに割り当てる．非線形分類器の 1 つ．

   e) サポートベクターマシン．決定面を定め，決定面から最も近いデータ（サポートベクター）からの距離を分離面のマージンとして，最大マージンを計算して分類する．

4) クラスタリング．文書集合をクラスターという部分集合に分類する．

   a) K 平均法．各クラスターの重心からの平均 2 乗ユークリッド距離を最小化することで分類する．

   b) 階層的凝集クラスタリング．最初に各文書を単一クラスターとし，全文書が 1 つのクラスターとなるまでクラスターのマージを繰り返す．

上記の類似度測定法は，基本的に文書の用語を単位として類似度を計算する．文書における各用語の散らばり具合を基礎に据えた計算方法といってよい．一方，外国語教育におけるテキスト（文書）の属性を考えると，母語話者の書く完璧なテキストではなく，学習途上にある学習者の書くテキストであり，本質的に言語上のぎこちなさや誤りを含むものである．また使用され

る語彙の種類は母語話者と比べると非常に限られたものである．そのため，用語の頻度や分布などを尺度として類似度を測ることが適切であるかどうかは疑問である．そこで，本論では別の視点から類似度を測る方法を試みに用いてみる．テキスト分類の分野で用いられる，圧縮度にもとづく類似度測定である．

　圧縮度にもとづく類似度測定法は，コルモゴロフ記述量の理論にもとづく測定法であり，2000 年前後，各種の類似度測定法が考案された．その特徴は，gzip や bzip2，tar といったコンピュータの圧縮技術を利用した類似度の計算である（ヴィタニ 2006）．たとえば bzip2 は，ブロックソートテキスト圧縮アルゴリズムを用いて文字列を変換した後，ハフマン符号化を行う（Seward 1996）．同じ文字列や単語の連なりが圧縮率に影響を与えると考えられる．tf-idf にもとづく類似度測定法は用語を単位とするが，一方，圧縮度にもとづく類似度測定法は，圧縮度すなわち文字列の並びに着目するため，数単語以上の文字列の並びが計算に影響を与える可能性があるだろう．そこで以下，次の 2 点をリサーチ・クエスチョンとして留意しつつ，協働学習の効果を測る量的方法を模索したい．

・協働ライティングの成果物について，各参加者の書いたテキストを圧縮度にもとづく類似度測定法を用いて分類した際の効果測定値はいくらか
・各参加者のテキストの類似度を分類する際，分類にどのような特徴がみられるか．

3. 協働ライティングの参加者，グループ，使用した測定法

　本論では，日本の大学において，2019 年度前期に英語の授業で実施した協働ライティングの成果物を分析する．参加者は大学 1 年次生 19 名（男性 13 名，女性 6 名）で，1 グループ 3 名ないし 4 名の人数で，計 5 つのグループに分かれて協働ライティングを行った．クラス全体でトピックを統一し，

グループで1つの英語のエッセイを計3回書かせた．長さは300ワード程度である．トピックは順に，メディアの影響，子供は都会より田舎に住むほうが良いという意見の是非，自分の住む町を大きく変えるとしたら何を変えたいかについての議論である．授業に先立ち，倫理の同意を得た．協働ライティングの実施場所をGoogleドキュメント上とし，だれが書いたかわかるようにサードパーティツールを導入して確認しつつ指導を行った[2]．毎週の授業で10分から30分程度の時間を協働ライティングにあて，締切を設けて1か月に1回発表させた．内容的な指導は発表時のフィードバックが主であり，教師のフィードバックをもとに参加者はその場でテキストを修正した．

　各グループの協働ライティングの特徴は表1のとおりである．

　グループ1は連続型の典型である[3]．グループ内の参加者のうち，だれかが書いたのち，次の参加者が書くという順番制で書いている．他人のテキストを校正していない．グループ2は4名のグループであるが，参加者は協働ライティングに参加したりしなかったりとまちまちであった．グループ3は1人で書く1人型の典型である．他の参加者は2回目の課題で修正にわずかに参加したが，3回目の提出はなかった．グループ4は指定したツールを使わなかったため，詳細が不明である．グループ5は最初に概要を決めて並行して作業した．2回目以降校正を行った．

　類似度測定法としてヴィタニ（2006）の考案した正規圧縮距離NCDを用いた．xを圧縮した時に得られるビット長をコルモゴロフ記述量$K(x)$と

表1　グループ別の協働ライティングの特徴

グループ	パターン	校正	その他
1	連続型	無	互いに直さない．
2	連続型	有	執筆者数は各回2名，3名，2名
3	一人型	有	2回目のみ校正あり．3回目未提出．
4			別の場所で作成しているため詳細不明．
5	並行型	無	2回目以降校正する

出所：筆者作成．

し，y を用いて x を圧縮した相対コルモゴロフ記述量を $K(x|y)$ とすると，$K(x)$-$K(x|y)$ を類似部分の量とみなせる．ヴィタニ（2006）はこの類似部分の量を正規化し，最終的に以下の式を導いた．

$$NCD\,(x,y) = \frac{C\,(yx) - \min\{C\,(x),\,C\,(y)\}}{\max\{C\,(x),\,C\,(y)\}}$$

　2 つの文書の対ごとに NCD を用いて類似距離を算出し，対ごとの NCD の値を格納した $n \times n$ の距離行列を作成して，階層クラスタリングで分類することで，類似文書を分類できる[4]．本論では，各回の課題ごとに，学習者が書いたテキストを NCD を用いて類似度を計算しクラスター分類することで，各学習者のテキストが各グループ内に収まるかどうかを判別し，協働ライティングの成果として読み取れるかどうかを検証した．圧縮技術にはbzip2 を用い，クラスタリングにはユークリッド距離とウォード法を用いた．使用したツールは Python および SciPy の linkage と dendrogram モジュールである．クラスタリングの評価には，適合率，再現率を含む F 値を用いた．

4.　圧縮度にもとづく類似度測定法を用いた分析

　圧縮度にもとづく類似度測定法を用いた分析結果を図 1，図 2，図 3 に示す．

　1 回目の協働ライティングでは，上から順に，5D から 5C，5A と 1B，1Dから 1C，4A から 3B，2D から 4C の 5 つのクラスターがみられた．数字はグループ番号，英字はグループ内での参加者の識別コードを示す．一番上の例では，グループ 5 の D，B，C およびグループ 2 の C が 1 つのクラスターにまとまった．2D 以下の参加者は，協働ライティングに参加していないか，別の場所で作成し代表者がまとめて Google ドキュメント上にテキストをアップロードしたため，参加を跡づけられない参加者である．2 回目の協働

230

図1　1回目の協働ライティング活動の NCD に基づく分類

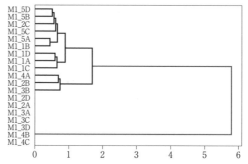

注：M1 は月曜クラスの1回目のライティング課題，右
　　側の数字はグループ番号，英字はグループ内での学
　　習者の識別コードを表す．以下，図2，図3も同じ.
出所：筆者作成.

図2　2回目の協働ライティング活動の NCD に基づく分類

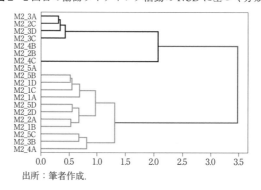

出所：筆者作成.

図3　3回目の協働ライティング活動の NCD に基づく分類

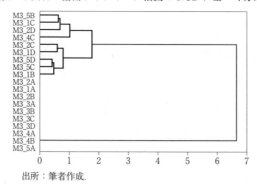

出所：筆者作成.

ライティングでは，同様に，3A から 3C，4B から 5A，5B から 1A，5D から
1B，5C から 4A の 5 つのクラスターがみられた．4B から 5A は未参加者で
ある．3 回目の協働ライティングでは，5B から 2D，4C，2C と 1D，5D か
ら 1B，2A から 5A の 5 つのクラスターがみられた．2A から 5A は未参加者
である．このクラスタリングについての評価を表 2 に示す．

表2　クラスタリングの評価課題

課題	適合率	再現率	F 値
1 回目	0.32	0.41	0.36
2 回目	0.30	0.30	0.30
3 回目	0.17	0.33	0.23

出所：筆者作成．

F 値は 0.23 から 0.36 の範囲であり，平均は 0.30 であった．

5. 協働ライティングについての考察

はじめに，F 値をもとにクラスタリングの評価を考える．F 値は適合率と
再現率の重み付き調和平均である．クラスタリングの分類結果を目で見ても
わかるように，分類の F 値は高くない．これは本来のグループと圧縮度に
もとづく類似度測定法を用いて作られたクラスターが何らかの理由で合致し
ないことを意味する．ヴィタニ（2006）の論文では，ロシアの文学作品を
NCD を用いて分類したところだいたい作家別に分類された．この差はどこ
にあるのだろうか．

比較のため，同一テキスト群に対し，tf-idf で重み付けをしたコサイン類
似度による分類を実施した．その F 値は平均で 0.25 となり，圧縮度にもと
づく類似度測定法より低い値であった．おそらく問題は英語学習者である各
参加者の書いたテキストの質にあると考えられる．たとえば各参加者の書く

テキストのワード数が，小説などと比べてかなり少ないことが考えられるかもしれない．300 ワード程度のエッセイを 3 人から 4 人で書くため，1 人当たりのワード数は 100 ワードもない計算になる．ただし NCD はテキストの文字数によらないとされるのでこの理由は該当しないだろう．以下にクラスタリングに影響を与えていると思われる原因を 3 つ示す．

原因の 1 つ目は，校正のみ参加する参加者や協働ライティングに参加しない参加者がいることである．このため実際のグループに応じたクラスターを計算により算出しにくい．また 2 つ目の原因として，クラスタリングに構造的な特徴が影響すると考えられる．図 1 から図 3 の結果から，以下の傾向が読み取れた．

1) 1 人でテキストのすべてまたはほとんどを書いたテキストは近くにまとまりやすい

2) 始まりと終わりなど，構造的な類似を持つテキストが近くにまとまりやすい

3) 校正のみ参加したり，数語書くのみのテキストの場合は近くにまとまりやすい

1) は，1-4A，1-2B，1-3B のクラスター，2-5C，2-3B，2-4A のクラスターに顕著である．先頭の数字は何回目の課題かを表している．1-4A，1-3B は 1 人で書いており，1-2B は 4 段落目を除き 1 人で書いている．2-5C は 1 人が約半分を書き，2-3B，2-4A は 1 人で全体を書いている．

2) は 1-5A，1-1B のクラスター，2-5B と 2-1D のまとまり，3-5B，3-1C，3-2D，3-4C のクラスターに表れている．1-5A と 1-1B はテキストの始まりと終わりを担当している．終わりの段落で用いられる転換語はそれぞれ to sum up と in short であり重なりはない．2-5B は始まり，第 3 段落，終わりを書き，2-1D は始まり，第 2 段落，第 4 段落を書いている．3-5B は始まりと終わりのほか全体の 7 割ほどを書いており，3-1C は始まりと終わりを，3-2D は第 2 段落と終わりを書いている．3-4C は全体を 1 人で書いている．以上から，全体あるいは始まりと終わりの段落を書いたテキスト

はそれぞれまとまりやすいとわかる.

3) は 2-3A, 2-2C, 2-3D, 2-3C のクラスターである. それぞれ主に校正で数語書き込みをするくらいであり, 多くて 2 行ほどの参加しかない. ただし, 3-5D も校正のみだが, こちらは 3-5C, 3-1B とクラスターを作っている. 3-5C は第 4 段落を担当し老人と公共交通機関の話, 3-1B は子供に補助金を与える話で, 3 者に内容上の共通点はない.

3 つ目の原因は, 表現上のまとまりである. 2-5D, 2-2D, 2-1B は, 皆別のグループであるが 1 つのクラスターにまとまっている. 書いたテキストを確認するとそれぞれ children, grow up といった言葉とそれにまつわる表現が何度も出てくる. 2-5C, 2-3B は, "for children to grow up in the countryside" と "for children to grow up in countryside" が重なるとみられる. 一方, 表現上も構造上もともに説明のつかないまとまりもある. 2-5D, 2-2D, 2-1B と同じクラスター内の 2-2A は町に住むことの利点と欠点であり, 最も近い 2-1B との表現上の重なりは countryside の countr までと, the city, find くらいであり, 重なりとはいえないだろう. 上述の 3-5C, 3-1B も同様に表現上の重なりはみられない.

クラスタリングに成功しているクラスターをみると, 1-1D, 1-1A, 1-1C のクラスター, 1-5D, 1-5B, 1-2C, 1-5C のクラスター, 2-5B, 2-1D, 2-1C, 2-1A のクラスターがあげられる. どれも, 本文をバランス良く分担しているところが多いといえる. 協働ライティングのパターンとして, 連続型, 並行型どちらにもみられる.

以上をまとめると, 外国語教育における協働ライティングでの圧縮度にもとづく類似度測定法を用いた分類には, 次のような特徴があると考えられる.

1) 総じて F 値は低く, クラスタリングがうまくまとまりにくい.

2) 数語の修正のみやまったく書かないといった参加しない学生が含まれる.

3) 表現上のまとまりもみられるが, 構造上のまとまりも影響を与える.

　このため他のグループの学習者どうしがまとまりやすい．ただし，本
　文をバランスよく分けて各学習者が参加し書いているグループは同じ
　クラスターにまとまりやすい．

　ここから得られる教育上の示唆は何だろうか．協働ライティングにおい
て，1人の学習者が始まりと終わりの段落を書くことにまったく問題はなく，
むしろ好ましいことだろう．そのような学習者はリーダーとして全体の進行
を統率したのである．

　1人で全部を書く場合はどうだろうか．グループ内の学習者の関係から，
どうしても1人の学習者が書かざるを得ない場合が生じることは当然起こり
うる自然な現象である．ただし，協働ライティングの活動で学習効果があっ
たかといえば，当然のことながら疑問符が付く．クラスタリングによる分類
は，テキストを書いた量で大きな差がつく傾向があった．ほぼすべてを1人
で書いたテキストは，他より遠い位置にまとまったのである．他より遠い位
置にクラスターを生成したグループは，教師が何らかの介入をせざるを得な
いだろう．

　まったく参加しない学習者も教師が介入し指導する必要がある．かなりの
参加者が積極的に参加しない．学生のうちに不公平感を生み出さないために
も，早い段階で，特に初期の段階でかならず全員が参加するように教師は何
らかの仕掛けを考える必要があるだろう．それは，可視化することで参加の
度合いがわかることを学習者に知らせることでもよいし，協働ライティング
の実施の途中で参加しない学生を集めてグループを作り直すことでもよい．

おわりに

　協働学習の効果を測る量的方法として，圧縮度にもとづく類似度測定法は
適切であっただろうか．現段階ではまだ有効であるとはいえない．もう1つ
別の介入を行えば協働学習の効果を測るのに適切であるといえるかもしれな

い．たとえば，成果物だけでは測定が難しいが，成果物を作成した後にグループ皆で作成したエッセイの内容を各学習者が各自で再構成する課題を出すなどし，再構成された課題に対して圧縮度にもとづく類似度測定法を用いれば，協働学習の効果をより明確に測ることができるかもしれない．あるいは，文書の用語を単位とするさまざまな類似度測定法を使用すれば，また違った結果が出ることと思われる．いずれにせよ，実験室研究でなければ，測定に主眼を置くのではなく，あくまで教育を主体とする中で補助的にデータを得られるよう工夫をすることが肝要である．

　協働ライティングの研究は質的研究が主流であり，量的研究の組合せは少ない（Yim & Warschauer 2017）．協働学習の効果を測る量的方法を探り，圧縮度にもとづく類似度測定法の可能性を調べる本論が，量的方法の探求の一助となることを期待したい．

1)　英語では，collaborative learning または cooperative learning などと表される．学習者が互いに学び合う学習形態のことを指す．同じ用語を使った別のアプローチがあるため注意が必要である．別のアプローチとは，主に cooperative learning という名称で呼ばれるシステマティックな授業実践方法のことである．このシステマティックな Cooperative learning では，学習者がグループを作り，リーダーや盛り上げ役や書記など各自が役割を決め行動しつつ，同時に同じ課題に参加する．たとえば掛け声とともに順番をバラバラにされたテキストの小片を皆で同時に読み，役割に応じた仕事をしながら全員で順番で考えるなどの実践である．Kahoot! などのゲーミング要素を取り入れたアプリを使うと実施しやすいだろう．

2)　Docuviz および Authorviz という Google Chrome 用のサードパーティツールを使用した．カリフォルニア大学アーバイン校の Hana Research Laboratory によって開発されている．

3)　各グループが連続型や並行型などどのパターンで協働ライティングを行ったかを知るには，時間を追って各執筆者の書いた文字数がどう変化したかを可視化するとよい．ここでは Docuviz を用いた．連続型では，時間が経つごとに参加者が増え，新規の参加者がテキストを大量に追加する．並行型でははじめから参加者全員がテキストを追加する．1人型では1人の書き込みしかみられない．他人のテキストを校正したかどうかについても同様であるが，今回はAuthorviz で確認した．

236

4) なお NCD は 0 に近いほど類似を表すため，正確には非類似度測定法である
が，クラスタリングに影響はない．

参 考 文 献

ヴィタニ，ポール（2006）「圧縮度にもとづいた汎用な類似度測定法」（『数理科学』
渡辺治訳，第 521 号）1-8. https://homepages.cwi.nl/~paulv/papers/japan06.pdf.

マニング，クリストファー・D，プラバカール・ラグァヴァン，ハインリッヒ・シュー
チェ（2012）『情報検索の基礎』岩野和生，黒川利明，濱田誠司，村上明子訳，東
京：共立出版.

Arnold, N., Ducate, L., & Kost, C. (2012), "Collaboration or cooperation? Analyzing
group dynamics and revision processes in wikis", *CALICO Journal*, Vol. 29, No. 3, pp.
431-448.

Debski, R. (2006), *Project-based language teaching with technology*, Sydney: National
Centre for English Language Teaching and Research, Macquarie Univ.

Google Developers. (n.d.), "Introduction", *Google Docs*, https://developers.google.com/
docs/api/how-tos/overview.

Kessler, G., & Bikowski, D. (2010), "Developing collaborative autonomous learning
abilities in computer mediated language learning: Attention to meaning among
students in wiki space", *Computer Assisted Language Learning*, Vol. 23, No. 1, pp.
41-58.

Lantolf, J. P. (2000), *Sociocultural Theory & Second Language Learning*, Oxford:
Oxford Univ. Press.

Lee, L. (2010), "Exploring wiki-media collaborative writing: A case study in an
elementary Spanish course", *CALICO Journal*, Vol. 27, No. 2, pp. 260-276.

Lund, A. (2008), "Wikis: A collective approach to language production", *ReCALL*, Vol. 20,
No. 1, pp. 35-54.

Mak, B., & Coniam, D. (2008), "Using wikis to enhance and develop writing skills among
secondary school students in Hong Kong", *System*, Vol. 36, No. 3, pp. 437-455.

Noël, S., & Robert, J. M. (2004), "Empirical study on collaborative writing: What do co-
authors do, use, and like?", *Computer Supported Cooperative Work (CSCW)*, Vol.
13, No. 1, pp. 63-89.

Oxford, R. L. (1997), "Cooperative Learning, Collaborative Learning, and Interaction:
Three Communicative Strands in the Language Classroom", *The Modern Language
Journal*, Vol. 81, No. 4, pp. 443-456.

Seward, Julian. (1996), "Unix man page of bzip2", http://www.bzip.org/1.0.5/bzip2.txt.

Storch, N. (2002), "Relationships formed in dyadic interaction and opportunity for
learning", *International Journal of Educational Research*, Vol. 37, No. 3, pp. 305-
322.

Storch, N. (2005), "Collaborative writing: Product, process, and students' reflections", *Journal of Second Language Writing*, Vol. 14, No. 3, pp. 153-173.

Storch, N. (2013), *Collaborative writing in L2 classrooms*, Bristol: Multilingual Matters.

Strobl, C. (2014), "Affordances of web 2.0 technologies for collaborative advanced writing in a foreign language", *CALICO Journal*, Vol. 31, No. 1, pp. 1-18.

Vygotsky, L. S. (1978), *Mind in society*, Cambridge, Massachusetts: Harvard Univ. Press.

Vygotsky, L. S. (1986), *Thought and language*, Revised ed, Cambridge, Massachusetts: MIT Press.

Yim, S. & Warschauer, M. (2017), "Web-based collaborative writing in L2 contexts: Methodological insights from text mining", *Language Learning & Technology*, Vol. 21, No. 1, pp. 146-165.

第 10 章

網羅的センサーによる世界の可視化と
意思決定の外部化

岡 嶋 裕 史

は じ め に

　この章では IoT が社会とコミュニケーションに与える影響について，考え
ていきたい．

　IoT の考え方について理解する前に，一つ理解しておかなければならない
ことがある．

　世界とは情報である．

　初夏の匂いも，軟らかな風も，陽光の燦めきも，環境汚染も，権力の腐敗
も，性交も．

　たとえば性交であれば，雄というデバイスから，雌というデバイスへ，男
性器と女性器という物理インタフェースをジャンクションして，精液という
メディアに載せた遺伝情報を送信する．

　もしも世界，あるいは情報に見えないものがあるとしたら，それはその情
報を解釈するプロトコルがわかっていないだけのことだ．すべては情報であ
り，それ以上でもそれ以下でもない．

　もちろん，それはずっと前から知られていたことだ．でも，情報処理機器たるコンピュータはこれらの膨大な情報を処理してこなかった．何故だろうか．

1. 情報システムの高度化とデジタル化の範囲拡大

　1つには，情報がコンピュータにとって処理しやすいデジタルデータになっていなかった．2つには，あまりにも情報量が多く記録することも処理することもできなかった．特別な目的と価値を持つ場合にのみ，情報から標本を抽出してデジタル化し，処理していたのだ．

　だが時代は変わった．演算の高速化，記憶の大容量化，機器の低価格化によって，諦められていた，というよりは意識すらされていなかった「あらゆる情報を記録して，解釈する」欲望が主に技術者を中心に立ち上がってきたのである．それが IoT だ．

　IoT の最初のステップは，モノがインターネットに接続されることである．ここで言うモノとは，パソコンやルータのことではない．それらは従来もインターネットに接続されたノードであった．IoT では，今までインターネットに接続されることはなかった，そもそも接続しようなどという発想すらなかったモノたちがインターネットに接続される．

　エアコンや冷蔵庫，テレビは当然のこととして，街中の監視カメラや電光掲示板，中央分離帯，手すり，傘立て，足ふきマット……ようは「なんでも」である．どちらかというとこのフェーズではつながることが主眼なので，大したことが実装できていなくてもよい．足ふきマットは今日何回踏まれたか，手すりは1時間のうちに何回人が転げ落ちたかを記録して送信するだけでかまわない．

　2番目のステップは，そこに人間が絡む．ペットを仲間に入れてもいい．スニーカーやロザリオ，衣服やおしゃぶりに何らかの情報機器が埋め込まれ，

情報を収集，送信するフェーズである．スニーカーやチョーカーと連動してバイタルサインをスマホが収集，蓄積，分析するような萌芽的な機能はすでに市場に出回っている．それが高度化していくと考えればよい．

　3番目のステップで，これらが連携して動作するようになる．最初のステップでも，各機器はなんらかの別の機器と連携してはいた．たとえば，テレビがメーカーに対して自らの状態を報告し，アップデートの必要があればメーカーからそれをダウンロードしてくるしくみや，車が壊れる予兆をメーカーに送信するしくみは存在した．だが，これらの機能はメーカーが予めそれを実装する形で世に送り出し，全体としてきちんと動作するエコシステムを運営してはじめて動作するものだった．

　だが，IoT の3つめのフェーズでは，各モノたちが取得したデータを「取り敢えず公開する」ことが視野に入れられている．モノそれ自身が公開するのか，いったんリポジトリにデータを拠出し，リポジトリがデータを公開するのかはシステムの作り方による．一長一短あるので，どちらがよいというものでもない．

　個別に情報発信するのはシンプルである．ただ，他の機器はどうやって，たとえばスニーカーにアクセスして靴の減り方のデータを抜き出していくのか，そもそもスニーカーが靴の減り方のデータを蓄積して公開

図1　個別に情報発信（IoT モデル）

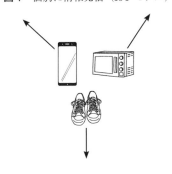

図2　集約してから情報発信（従来型モデル）

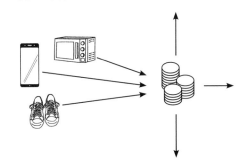

していることをどこで知るのか，といった問題を解決する必要がある．

2. 情報の流通から人が除外される

　集約してからの情報発信は，リポジトリにさえ行けばまとまった質と量の
データが保存されていて，リストの中からよさそうなデータをすぐに探せる
メリットがある．一方で，どんな資源も蓄積すればリスクが高まる．各家庭
に分散している灯油よりも，ガソリンスタンドに集められている各種燃料の
ほうが火災になったときの被害が大きい．もちろん，そのためにガソリンス
タンドは家庭とは比較にならないくらいの防護措置を施すわけだが，悪い人
のターゲットになりやすい．

　情報の場合もそうだ．個々の機器とリポジトリを比較したら，圧倒的にリ
ポジトリのほうがしっかりした運用がなされている．しかし，情報が集積さ
れて，資産としての価値が高くなったリポジトリは情報犯罪者の格好の標的
であり，彼らによってくり返しくり返し攻撃されれば，いつかはその脆弱な
横腹をさらしてしまうかもしれない．一度，攻撃が成功すれば，窃取・流出
する情報の量は，IoT を構成する各個別機器のそれとは比べるのも憚られる
ほどのサイズになる．

　どちらのやり方で実装するにしても，このフェーズで特徴的なのは，予め
使い方を決めておかなくてもいいことである．

　もちろん，モノを作った人は何か期するものがあるだろう．スニーカーに
靴の減り具合センサーを組み込んだとして，そのシューズメーカーは，適切
な買い換え時期をリマインドして次の購入を促したいのかもしれない．

　センサーの実装がいかに安くなったとはいえ，コストの増加を伴うのであ
るから，何の目的もなく作り込むものではない．しかし，それが公開され，
縁もゆかりもない人やモノも参照できるようになってくると，違う地平が見
えてくる．

　たとえば，保険屋さんの評価システムがスニーカーの減り具合をチェックして，「この人はいつも磨り減った靴をはき続けている．事故に遭う可能性が高そうだから，次回更新時に保険料を上げよう」と回答するかもしれないし，医療器具屋さんのセールスフォースシステムは，「片側だけ異様に磨り減っているから，形成外科の上得意になるだろう」と判断するかもしれない．

　これらは，スニーカーメーカーの担当者が，たぶん想定していなかった使い方で，むしろこうした使い方に主眼を置くのである．

　コンピュータの使い方によく似ている．コンピュータも無目的な機械である．買う人は何か目的を持って買っているはずで，それにあわせてたとえばワープロのソフトを同時購入するだろうが，使っているうちにこんな用途もあんな用途も思いついて，次第に使い方が変わっていくことがある．ソフトウェアを，すなわち使い方を変更すれば，おそろしく応用がきくのだ．

　IoT でも，「取得時点では何に使うのかよくわからなかったデータが，結果的にこんなことにも使えた」式のイノベーションが期待されている．そして，イノベーションを起こすのは，人でもよいが，モノであっても何ら差し障りがないのである．

　先ほどの例で言うと，「この人は事故に遭うぞ．だから保険料を上げよう」と思いつくのは，保険屋さんの担当者でもよいのだが，今のご時世担当者はそんなに暇ではない．虚空の果てまで続くであろう IoT のデータなどいちいち見られない．その役割は機械がこなすことが想定されている．

　どのデータを組み合わせれば有意な知見が得られるのか，組合せや結果の試行錯誤をディープラーニングなどのマイニング技術が行うのである．

　そして，その次にくる最終ステップでは，あらゆるモノがインターネットに接続されることになる．第 3 フェーズですでにあらゆるものがつながっていそうな勢いだったが，さらに増やすのである．

　私自身は以前に「情報システムが端末から環境になる」と書いたが，わかりにくかった．世界的に使われている用語としてはトリリオンセンサー（あまり日本では流行らなかった）があるが，これも抽象的である．トリリオン（1 兆）

は，毎年 1 兆個のセンサーを地球上にばらまこう，の意味である．

　毎年 1 兆と言われてもピンと来ないが，スマートダスト構想などがその具体化である．ほこりにセンサーをつけてばらまく，色んなところで情報を収集する．1 つ 1 つのほこりが得る情報は些細なものだ．しかし，1 兆という数は暴力的に巨大である．地球上のあらゆる場所がこれで満たされれば，災害対策や環境保護，軍事利用に大きな貢献があるだろう．

　自動化分野で盛んに議論されている，「機械による判断が，人間のそれを上回る」現象も，IoT をもってさまざまな分野で実用化への目処が立つことになるだろう．

　というのも，如何に機械の判断力が向上したとしても，判断の根拠となるデータには良質で大量のものが求められるからである．貧弱なデータでは，優秀な判断機構も間違った決定を下す．そもそも，判断機構を洗練させるためにも，良質で大量のデータが必要なのである．

　たとえば，チェスや将棋，囲碁の成果が大きく取り上げられているが，機械が人間を上回る差し手を選択できるようになるまでには，プロ棋士の棋譜を総ざらえする必要があった．

　各競技団体の努力で過去からの膨大な情報がストックされており，またプロ棋士の棋譜であるから質の面での担保も万全であった．言うまでもなく，これは特殊な状況である．一般的な事象はそんなに注意深く情報を収集・蓄積しておらず，必ずしもいい結果を導いたデータだけが記録されているわけでもない．

　ただ，それらが揃ったとき，チェスや将棋や囲碁で生じたような飛躍が他の分野でも起こるのではないかと期待されている．具体的なアイデアの一つが先のスマートダストで，量を集めることで質もなんとかしてしまう発想である．たくさんのデータがあれば，有益な知見を導くデータが含まれている確率は当然高くなる．

　IoT が生み出すデータが，判断機構のエサになって，判断機構はより洗練されていくのである．IoT と判断機構（あまり安易に使いたい語ではないが，AI

と呼んでもいい）は今後の情報システムを駆動させる両輪で，互いが相補関係にある．

3.　社会構造の高効率化による意思決定の外部化

　情報への，すなわち世界への理解が進むことは，とても良いことだと思う．トリリオンセンサーやスマートダストは，この世界の輪郭をより明瞭に描き出すだろう．

　しかし，IoT と AI が世界への理解を進めるとき，その「世界」の中身にはもちろん人間が含まれる．その人以上にその人について，私以上に私について，AI のほうが詳しくなる日は，さほど遠い未来ではない．一部分は実現してもいる．30 年前に，「そのうち，コンピュータ将棋がプロ棋士に勝つ」と宣言したなら，ただの笑い話である．実際，将棋専門誌のアンケートでも多くの識者が一笑に付した．その中で，「2015 年までには」と答えた羽生善治はむしろ異質だったのだ．同じことが，社会の多くの場面で現実のものになる．

　ここでももう一度述べておきたい．IoT によって，世界や人間の理解が進むだろう．情報システムのほうが人間自身よりも，より人間のことを把握するだろう．そのとき，人間はどうするのか．

　喉が渇いたと知覚する前に，その予兆をトリリオンセンサーが検出し，水が飲みたいと思考する以前に，ホームキッチンシステムが水を差し出してくれれば，平均寿命も健康寿命も延びるだろう．正しいか正しくないかと問われれば，きっと正しい．寿命を短くする側の判断は，誰だって主張できない．でも，その生活は楽しいだろうか？　嬉しいだろうか？

　オセロやチェス，将棋のプレイヤーは機械に対して負けが込んできても，いまだプレイを続けている．最善手を指すのが仕事だったはずの彼らが，他にもっとよい手を指す機械が登場してのちも，やはり指し続けている．

正しいか正しくないかで考えれば，やはり正しくないのだ．今や中継観戦
しているファンのほうがソフトによって正解手を先に知っていることすらあ
る．でも，仮に悪手であっても，指し続けている．それはたぶん楽しいから
だろう．

　自分の頭で考えることは楽しい．間違った結果を導いたとしても，やはり
楽しい．その「間違える贅沢」をどのくらい許容していくのかは，今後私た
ちが考えなければならない主要なテーマになるだろう．IoT に監視される自
由があってもいい，情報漏洩は困るにしても，分断した社会の中でたとえ
IoT にでも監視して欲しい人の数は増えているかもしれない．自由であるこ
と，活躍すること，人生を謳歌することが幅をきかせる疲れる社会で，監視
されること，判断を AI に任せることで少し息を継ぎたい人もいるだろう．
だが，少なくとも，その線引きを AI にさせてしまうことは避けたいのである．

　2020 年にプログラミング教育が必修化された．プログラミングスキルそ
のものではなく，プログラミングを通して得られる論理的思考力の伸張を期
待してのものである．システム構築を体験し，そこで使われるスキームを理
解できれば，現在いくらでも目にすることができる経営屋と技術屋の話のつ
ながりにくさ，お互いをまったく理解できないことに起因する使えないシス
テムや使わないシステムが産み落とされる無駄はいくぶん減らすことができ
るだろう．

　それに加えて，AI と人間の棲み分け，人間を超える判断機構が登場して
のちの人間の生きる意味を考える，その力を育むカリキュラムを作っていけ
ればと思う．

お わ り に

　最後に，あまり楽しくない話だが，IoT のセキュリティについて触れてお
きたい．IoT のセキュリティ問題は深刻である．深刻にならざるを得ない．

パソコンやスマホが乗っ取られて大騒ぎになるのである．IoT ではそれが車やペースメーカー，自宅全部になる．大変である．悪意の第三者に車が乗っ取られたらどうなるか，ペースメーカーが乗っ取られたらどうなるかについては，ここで紙幅を費やすまでもないだろう．

　わかりやすい出来事として，ベトナムのノイバイ空港，タンソンニャット空港のクラッキング被害をあげておく．空港のシステムが不正アクセスを受け，機能不全を起こしたのである．空港のチェックインシステムは停止し，航空会社の担当者は手作業で対応せざるを得なかった．1937CN を名乗るクラッカは空港のデジタルサイネージ（情報表示端末）とアナウンスシステムをも手中にし，政治的なメッセージを発し続けた．その様子は今でも YouTube で見ることができるが，異様な雰囲気である（https://www.youtube.com/watch?v=2Xd42Q4laVE）．

　あまりにもシネマティックで，その場にいたら何か映像作品の収録だとしか思えなかったかもしれない．これらの空港は IoT 化が進んでいるわけではない．しかし，周囲のあらゆるものが乗っ取られて，あれよあれよという間に望ましくない方向へ事態が動いていく感覚は味わえるのではないかと思う．

　セキュリティ問題は，現時点では防御側が不利になっている．攻撃側のインセンティブが大きく，防御側は小さいのが大元の原因だ．攻撃側のインセンティブは豊富だ．誰かを貶めてやりたいクラッカにとっては攻撃そのものが喜びになるだろうし，その意思が自分のものでなくても，誰かの代理として攻撃を行い，報酬をもらうこともできる．

　セキュリティ技術（第一線で通用する技術）を磨くためには長い研鑽が必要だが，胸のすく思いをしたり，金銭面で大きなメリットがあれば，それに耐えることも可能だ．攻撃者はよく勉強し，その技術は体系化され，後続の人材も増えていく．

　翻って，防御側のインセンティブは希薄だ．たとえば，企業のセキュリティ担当者は，数の上から言えば最大のセキュリティの担い手だが，セキュリティ

248

は基本的に企業にとってコストである．何かの業務と兼務していたり，少な
い人員でのやり繰りが常態化していて，攻撃側と同じ情熱や勉強時間を確保
することはほぼ無理である．加えて，セキュリティは守れて当たり前との感
覚が醸成されているので，安全を達成しても褒められにくい．業務の運用と
同じで，堅牢確実に動かせるのが当然で，目立つ機会は何かやらかして怒ら
れるときだけである．「何事もなく一日を終えました」は，本当は凄いこと
なのだが，業務日報にこう書いたらボーナスの査定は下がるだろう．結果と
して，目端のきく人材はセキュリティ分野には集まらない．セキュリティが
好きな人や，使命感に燃えた一部の人が希望のない退却戦を戦っているイ
メージなのである．

内閣サイバーセキュリティセンター（NISC）や情報処理推進機構（IPA）を
中心にセキュリティ人材を育てようとする機運が高まっていることは，明る
いニュースなのだろう．しかし，どんなリスクがあるのか，それに対応する
人材がどれだけ足りないのか，どんな技術を身につければいいのか，につい
ては潤沢に発信しているのに，インセンティブについて触れられていないの
は画竜点睛を欠く観がある．需要があれば，必ず人材供給がなされるわけで
はない．看護師や保育士，介護福祉士の例と同じである．理念だけでは人は
職に就いてくれない．この点については，逃げずに議論を継続しなければな
らない．

何よりも，高度な人材は一朝一夕では育たない．その意味においても，プ
ログラミング教育必修化などを契機に，もう一度子ども達にコンピュータを
使う楽しさや，自分で考え何かを選び取る喜びを伝えていきたい．

参 考 文 献

岡嶋裕史（2018）「プログラミング教育の必修化が及ぼす影響についての研究―デジ
タルデバイドと学習者のモチベーションを軸として―」（『中央大学政策文化総合研
究所年報』第 21 号）203-218 頁．

索　引

執筆者紹介 （執筆順）

松 野 良 一　研究員・中央大学国際情報学部教授

村 田 雅 之　研究員・中央大学国際情報学部教授

桐 谷 恵 介　元客員研究員・情報経営イノベーション専門職大学准教授

平 井 　 均　準研究員・中央大学大学院総合政策研究科博士課程後期課程

松 田 壮 史　準研究員・中央大学大学院総合政策研究科博士課程後期課程

荘 　 秀 文　元準研究員・南台科技大学応用日本語学科講師

関 　 暁 東　客員研究員・日本アイ・ビー・エム・ビズインテック株式会社

亀 井 省 吾　元客員研究員・福知山公立大学地域経営学部教授

橋 本 健 広　研究員・中央大学国際情報学部教授

岡 嶋 裕 史　研究員・中央大学国際情報学部教授

デジタル／コミュニケーション
中央大学政策文化総合研究所研究叢書28

2021 年 1 月 20 日　初版第 1 刷発行

編 著 者　　岡 嶋 裕 史
発 行 者　　中 央 大 学 出 版 部
代 表 者　　松 本 雄 一 郎

〒192-0393　東京都八王子市東中野742-1
発行所 中 央 大 学 出 版 部
http://www2.chuo-u.ac.jp/up/
電話 042(674)2351　FAX 042(674)2354

© 2021 岡嶋裕史　ISBN978-4-8057-1427-0　印刷・製本 恵友印刷㈱